连接更多书与书，书与人，人与人。

不会游戏化管理
就带不好95后团队

梅霖 主编
易炜 沈亦周 副主编

中华工商联合出版社

图书在版编目（CIP）数据

不会游戏化管理就带不好 95 后团队 / 梅霖主编 . —北京：中华工商联合出版社，2021.8
ISBN 978-7-5158-3077-3

Ⅰ.①不… Ⅱ.①梅… Ⅲ.①企业管理—人事管理 Ⅳ.① F272.92

中国版本图书馆 CIP 数据核字（2021）第 158081 号

不会游戏化管理就带不好 95 后团队

主　　编：	梅　霖
副 主 编：	易　炜　沈亦周
出 品 人：	李　梁
责任编辑：	付德华　关山美
装帧设计：	王桂花
责任审读：	于建廷
责任印制：	迈致红
出版发行：	中华工商联合出版社有限责任公司
印　　刷：	北京毅峰迅捷印刷有限公司
版　　次：	2022 年 1 月第 1 版
印　　次：	2022 年 1 月第 1 次印刷
开　　本：	710mm×1000mm　1/16
字　　数：	250 千字
印　　张：	18.5
书　　号：	ISBN 978-7-5158-3077-3
定　　价：	59.90 元

服务热线：010-58301130-0（前台）
销售热线：010-58301132（发行部）
　　　　　010-58302977（网络部）
　　　　　010-58302837（馆配部）
　　　　　010-58302813（团购部）
地址邮编：北京市西城区西环广场 A 座
　　　　　19-20 层，100044
http://www.chgslcbs.cn
投稿热线：010-58302907（总编室）
投稿邮箱：1621239583@qq.com

工商联版图书
版权所有　侵权必究

凡本社图书出现印装质量问题，请与印务部联系。

联系电话：010-58302915

序 言

游戏化改变管理
——企业大学学习项目设计游戏化融入实践

傅晓婷

"千万不要大声责骂年轻人，因为他们会立即辞职。"相信大家都听过这句话，领英发布的《第一份工作趋势洞察》报告中显示，95后的平均在职时间是7个月，如果你的打开方式不对，他们一言不合就离职。然而，这些新生代正在进入职场，并逐渐成为其中的主要力量，当某一天打开公司的人才系统时，突然发现员工占比的柱状图中新生代员工高出其他员工时，不得不承认他们来了，而与其同步的，是管理者需要更新管理模式，因为新生代太不好管理了。

在很多管理者眼中，新生代对工作挑三拣四，计较加班，挑战权威，他们上班的动力也许是熬到下班可以回家打游戏，他们平时对公司的人际关系不屑一顾，却关注着国际局势和微博热搜，他们崇尚心情不好要去旅游散心，因为钱花光了人就不容易矫情，却依旧会因为不开心就果断辞职。而在新生代自己眼中，他们热爱生活，崇尚个性追求以及个人价值实现，他们拥有自己的世界，所以需要你尊重他们的时间，不愿意接受任劳任怨的加班和陈旧繁杂的流程制度。这是时代赋予的鸿沟，如何有效管理好新生代，成为管理者最头疼的问题。从如何管理新生代员工，到如何激励新生代员工，再到如何点亮新员工，虽然关于新生代管理的内容层出不穷，但许多管理者依旧不知道该如何对他们进行有效管理，依旧在和新生代的相处中，时不时就面临着出乎意料的挫折。其实，大多数管理失败的背后，核心原因都是管理者无法满足新生代发展的要求。这时，作为企业内部的培训组织，企业大学除了面临如何帮助管理者了解新生代，逐渐改变企业管理模式的难题，另一方面也面临着新生代员工的培养发展及融入的难题，因为随着新生代逐渐成为企业主流，传统的培训和教学方式越来越不奏效了。这也给企业大学在项目设计时提出了更高的要求。

  区别于传统的培训方式，新生代的学习诉求也显得个性十足。首先，他们挑战权威，所以很难用制度流程或行政命令把他们聚集到课堂中进行集中学习，他们可能喜欢打游戏，却不喜欢你安排给他们的学习；其次，作为移动互联网的受益者，他们很容易从外部找到更多获取学习资源的渠道，这使得他们对企业内部提供的培训，不管是在内容还是在形式上越来越挑剔，一旦达不到他们的预期，参与度和投入度就会明显降低，对培训的反馈好坏也非常直接；最后，他们讨厌说教却又渴望有人帮助他们解决问题，学习目的性非常明确但又渴望得到尊重和认同，一旦和他们实际遇到的问题或情境不符，或是发现学习难度过高，他们就会丧失继续学习的耐心和动力。

  基于以上新生代的学习诉求，企业大学在做学习项目设计时要关注两个关键点，一个是如何寓教于乐，能激发他们的学习兴趣，提升他们的代入感和体验感；另一个是，如何用好激励和监管手段帮助新生代对抗"懒癌"并完成学习项目，学到知识技能并能学以致用。当然，企业大学在设计学习项目时，还需关注企业的战略落地、业务需求、组织能力的提升和转化等要素，这是从组织需求的角度要关注的，在本书中，我们仅从新生代学员的需求角度来看。

  既然是从新生代的需求出发，又说到了寓教于乐，我们不妨来聊聊让绝大多数新生代欲罢不能的事——游戏，新生代中的大多数人是伴随智能手机和游戏长大的，他们喜欢打游戏，甚至还愿意花钱打游戏，可为什么一旦切换到了工作和学习场景，即便是给钱也提不起兴趣呢？如果我们能够弄清楚是什么让新生代在游戏中获得快乐，把这些让人快乐的元素融入工作和学习中，他们是否会更愿意投入呢？如果我们将学习娱乐化、游戏化，是否能激发新生代的好奇心和参与感？是否能将枯燥乏味的浅层学习体验转化为有趣的、有效的深度学习体验，提升新生代的学习效果呢？我们在企业大学的学习项目设计和日常运营中也做了如下尝试，试图将自主性、目标感、挑战和即时反馈机制、链接互动、归属感等游戏属性应用到企业大学的学习项目中。

一、任务可视化

我们都知道游戏是由不同的任务组成的，这些任务在游戏中表现为一个个挑战，需要玩家完成任务才能通关，这个过程让玩家沉迷其中不能自拔。这里有几个关键点。第一，任务清晰可见，目标明确，玩家每完成一个任务，就向目标迈进了一步。第二，任务的挑战性难度适宜，相互连接难度层层递进，最终指向终极目标。于是，我们在做学习项目设计时，也可以尝试将任务可视化，将培训目标分解到每个小任务中，让学员在学习过程中有过关的感觉。这种任务分解，最开始我们是在新员工培训中进行了尝试，但发现仅仅是通过新员工课堂培训，新生代的融入速度还是很慢，特别是工作环境的适应和与身边同事的相处模式，很大程度上影响了他们的融入。于是，我们就尝试给新员工设置一些通关任务，让他们在培训期间打卡完成。接着，我们开始在培训项目中做尝试，将一个培训项目需要学哪些内容，通过哪些形式，最终完成效果的呈现画成一个学习地图，让每一个进入培训班的同学一目了然。后来，我们逐渐发现只是一个培训项目的任务分解，并没有更好地解锁新地图和新技能的可能性，作为企业大学，培训项目之间也应该有所关联和递进，于是我们又重新将职业发展体系和培训体系做了梳理，将管理和专业两个发展通道作为通关主线，将各自不同层级的晋升和培训学习做了结合，形成发展地图，学员在这里可以看到自己在每个阶段的学习任务和下一阶段努力的方向。为了让任务既具有挑战性又能确保挑战难度适宜，我们对不同层级所需具备的能力也做了澄清和梳理，并同步调整对焦了学习任务，确保挑战的难度和每个层级所需具备的能力相匹配。如果挑战难度太低，学员很容易完成就会觉得太过无聊而不愿意继续；如果调整难度太大，学员在完成的过程中会有挫败感，觉得目标遥不可及因此而放弃。只有挑战和能力相匹配且难度适宜，学员在完成任务突破挑战后才能感受到能力提升的成就感。随着学员能力不断提升，挑战难度也随之增加，使学员感到自己变得越来越厉害，这也和玩家在游戏中通关后时觉得自己特别厉害的快感不谋而合。就此，通过任务的拆解及挑战任务的设置，从发展通道到培训项目，到培训项目中的某个环节，我们都完成了任务可视化，学员在学习过程中能清晰地看到目标，并离目标越来越近，同时也有一种不断学习成长和进步的感觉。

二、选择自主化

游戏之所以好玩，是因为玩家掌握了主动权并具有自主性。企业大学在运营的实际过程中，经常会碰到很多学员是被迫来参加培训的情况。这从一开始就注定了不管这个培训多有趣，只要是被迫来的参与度一定不会高，自主是投入的前提，所以我们在确保学习效果和给予学员更多的自主权上做了一些尝试。首先在参训这件事上做了改变，不再强制培训，而是提前将培训开班计划下发，由学员通过当地HR自愿报名，参训前学员需要完成能力测评，通过测评报告解析自己的优势和短板，并结合测评和未来的发展方向与自己的主管一起完成学习目标的制定。为了帮助新生代对抗惰性，确保学习任务的完成，我们还会在培训项目开班时，将大家的目标进行公示，张贴在教室比较明显的地方（如图1-图5所示）。其次是培训项目采用了学分制，包括了必修学分和选修学分，必修学分是基于培养方向的培训班共性的培训课程，选修学分是基于学员本身的兴趣和短板，由学员自行选择。最后，在学习过程中通过workshop的形式，让学员来构建自己的知识体系和应用场景，由他们来探索和选择应用转化的方式，这从学到知识再到学以致用最后到能力转化上也全部由学员自主完成。

图1　萌新通关卡

图2　培训班Roadmap

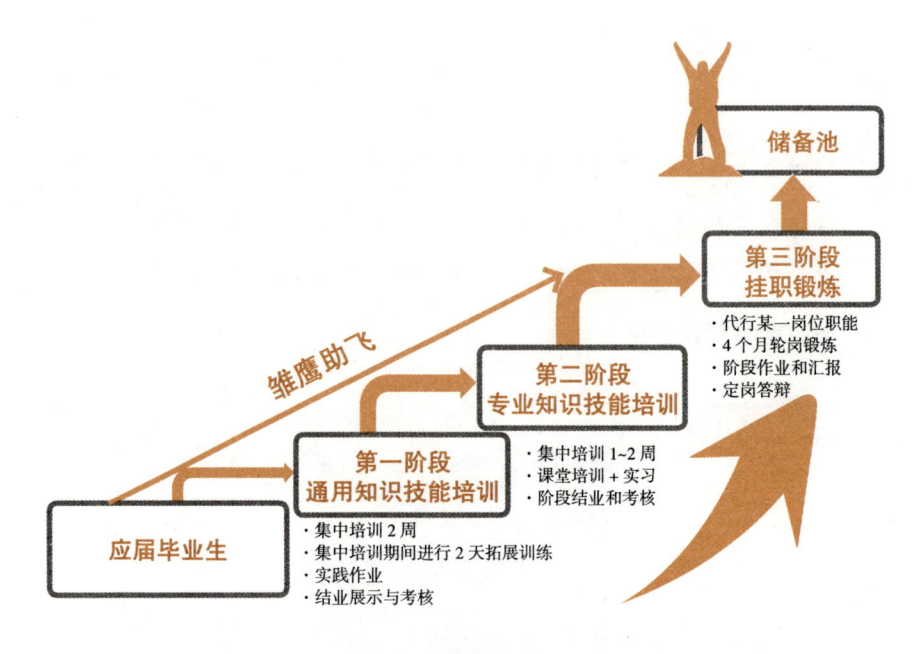

图 3 培训项目地图

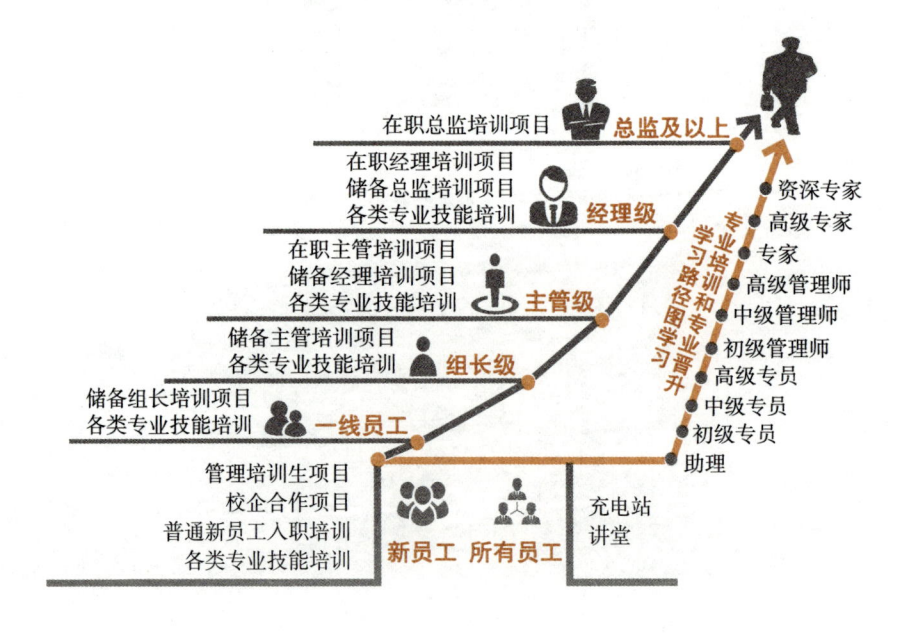

图 4 员工发展路径图

图 5　培训目标承诺树

三、反馈及时化

　　游戏之所以被喜欢，因为游戏的反馈机制做得非常好，玩家遇到问题和困难时，搞不懂规则时，想知道自己的任务进度时，想看到大家的排名时，都能在游戏中找到相关的反馈机制，通过点数、积分、排位等反馈给玩家，确保玩家继续玩下去，同时反馈也让玩家感到操控的快乐，及时的反馈会告知玩家距离目标还有多远，和别人的差距在哪等等，玩家可以根据反馈及时调整，确保自己一直朝着正确的方向迈进。及时反馈也简化了达成路径，玩家甚至不需要知道游戏的规则和机制，只要知道通过不停地打怪、做任务或者答题，就可以增加点数和经验值，可以变强升级。相比之下，我们的工作和学习中反馈机制不够及时，比如绩效考核大多数的公司是半年或一年才做一次，不管是评价、晋升还是加薪都很难直接对应到平时工作中某一件具体事情。所以在工作学习中获得的成就感、操控感和达成路径都比较弱。我们在培训项目中也尝试设置了排位赛，通过培训课堂表现、课后作业、员工自行选择的任务完成情况等及时做排名，让大家能随时看到自己的积分和班级排名。我们给企业大学所有的培训项目设计了LOGO、徽章、服装等周边产品，每一位结业的学员可以获得结业证书和徽章，集齐所有培训项目徽章的学员可以兑换大奖。每一个培训项目结业都需要学员做结业汇报，他的直接主管和上两级主管需同时参加，并现场给予反馈，让学员的能力提升被主管及时了解和认可。我们还将一些含金量较高的知识通过手机端的线上学习达人PK赛来替代枯燥无味的课题讲授，系统随机抽取两名学员进行答题PK，学员可以通过答题获取积分并看到自己的排名，也可以通过在知识城市中搭建自己的大楼，这也解决了枯燥知识的有效传递的难题。针对企业大学的所有培训项目，每年都会进行一次"U CAN U UP"的项目优化大赛，参加过培训项目的学员和各地的培训组织者都可以参与B，以脱口秀或者吐槽大会的方式进行，通过这样一个反馈机制也可以更好地优化学习项目（如图6所示）。甚至我们还将企业大学的公众号运营也拿出来和大家一起玩，用玩家身份让公众号的投稿更积极（如图7所示）。

图 6　学习达人 PK 赛，知识城市

图 7　"u can u up"大赛

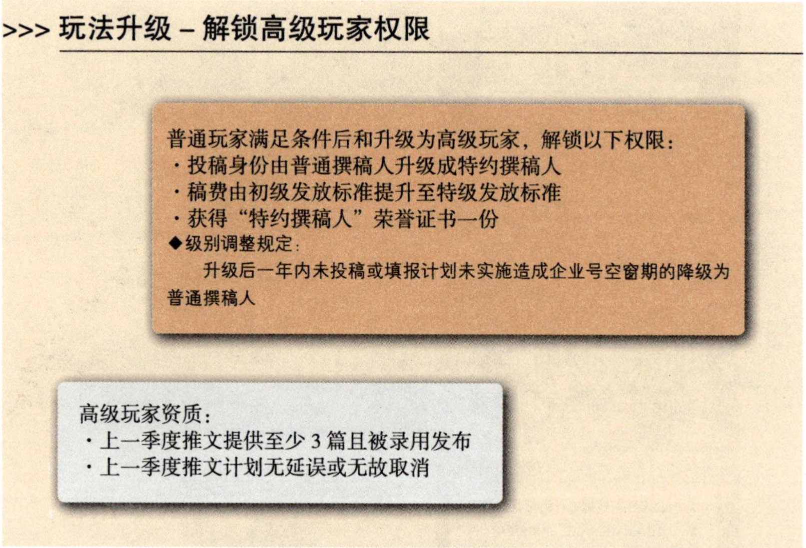

```
>>> 玩法升级 – 解锁高级玩家权限

普通玩家满足条件后和升级为高级玩家，解锁以下权限：
·投稿身份由普通撰稿人升级成特约撰稿人
·稿费由初级发放标准提升至特级发放标准
·获得"特约撰稿人"荣誉证书一份
◆级别调整规定：
    升级后一年内未投稿或填报计划未实施造成企业号空窗期的降级为
普通撰稿人

高级玩家资质：
·上一季度推文提供至少3篇且被录用发布
·上一季度推文计划无延误或无故取消
```

图8　企业大学公众号运营玩家身份

四、形式趣味化

培训形式的多样性和趣味性，相信很多培训组织者和讲师们一直在不断尝试和优化。我们曾经在企业大学各项课程中发起过投票，针对最不受欢迎的课程做了趣味化尝试，比如投票靠前的非财培训，因为该课程的专业性较强，理论和实际很难结合，又不容易增加互动环节，所以学员在学习过程中很容易犯困走神，于是我们尝试结合公司主营业务，研发了业务经营沙盘（如图9所示）。学员在经营沙盘的培训中分成几个小组，独立作为公司进行运营，在体验经营的过程中，既可以更好了解业务，也可以结合实际业务学习财务知识，同时通过不同小组的PK，及时反馈盈利情况，增加了趣味性。我们也把理论性较强的一些管理知识，结合公司的绩效季、晋升季等重要的时间段，把管理知识场景化。比如在绩效季，我们会同步推送绩效访谈反馈技巧的视频、图片或推文给大家，让大家在实际场景中更好地运用。在微课"短视频"直播日渐走红的今天,我们也运用了这些工具呈现了很多有趣的课程。基于 Klob 经验学习圈,我们在培训项目中增加了体验式培训,也就是培训中最受学员欢迎的游戏环节,通过体验式培训可以更好地激发员工思考和投入。经过这些年的沉淀,我们提炼了 66 个体验式培训游戏输出手册提供给内部培训师使用,通过各类拓展活动的组织,比如沙漠徒步、苗寨定向等,我们积累输出了团建地图供学员选择(如图 10 所示)。

图 9 经营沙盘课程

团建旅行地图

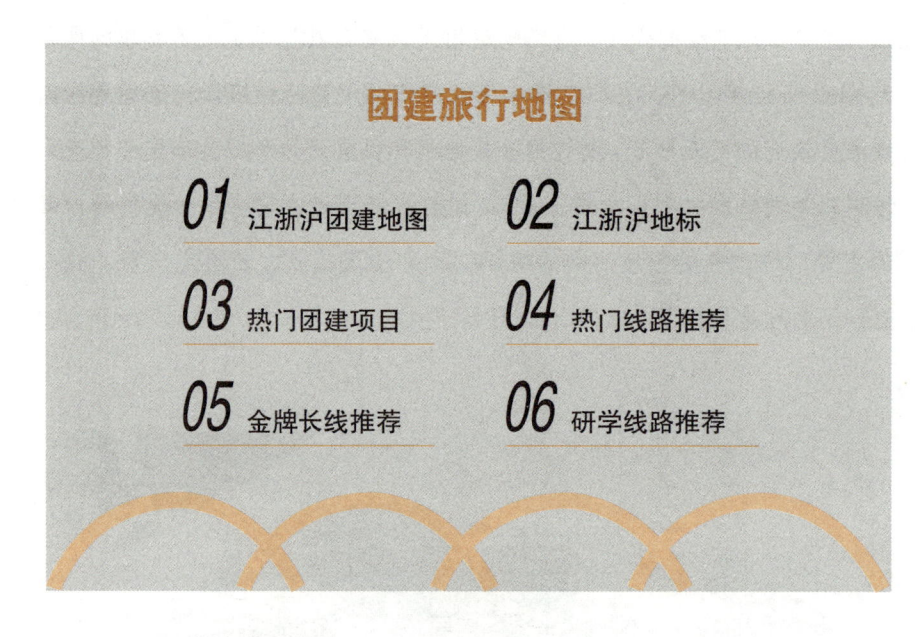

01 江浙沪团建地图　　02 江浙沪地标

03 热门团建项目　　　04 热门线路推荐

05 金牌长线推荐　　　06 研学线路推荐

图 10　团建地图

最后，游戏化教学可以更好地激发新生代，可以让管理更简单，但是需要澄清的是，游戏化教学非游戏本身，每一个游戏如何和培训结合，如何帮助培训目标的达成，如何在培训过程中让学员更好地体验和转化都非常重要，需要我们更多的探索和尝试。

傅晓婷（Tinkle）

百世集团组织发展总监、百世大学执行校长，拥有 10 年企业内部组织发展、人才培养和企业文化经验，5 年咨询公司咨询顾问经验，是一名拥有甲、乙方经验的 OD 和培训从业者。

有从 0-1 搭建企业大学体系并成功运行的经验；

擅长领导力开发、评估及培训项目设计；

有能力素质模型建立和人才选拔、评估、任免、晋升、聘任等人才系统搭建的实践经验，熟练使用 OD 工具，提供专业解决方案，实现组织能力全面提升。

目录

第一章　激活现场能量　/ 1

尼莫找朋友　/ 2

你是明星：团体模仿秀　/ 6

前后左右　/ 9

你拍我逃　/ 13

人体缠绕　/ 20

问候海洋　/ 27

第二章　挑战思维方式　/ 35

卡片分类　/ 36

出方案谋一致　/ 48

灵魂的拷问　/ 58

蝴蝶效应　/ 64

10 秒大比拼　/ 69

培训游戏：穿越 A4 纸　/ 84

第三章　打造敏锐的洞察力　/ 91

猜猜我在想什么　/ 92

猜变化　/ 98

"相亲相抢"　/ 105

职业表演　/ 109

两真一假　/ 117

第四章　掌握沟通与表达技巧　/ 123

我说你猜　/ 124

皇帝的任务　/ 135

问答魔方　/ 143

很久很久以前　/ 149

生日手势列队　/ 155

连连看　/ 160

第五章　体验管理与领导力　/ 167

气球工厂　/ 168

希望之塔　/ 178

救生船上的领导力　/ 187

天南地北　/ 199

赶羊　/ 205

张冠李戴：提升综合管理能力　/ 211

第六章　提升团队凝聚力　/ 215

合作画画 / 216

数"七"至尊　/ 221

缺失的信息　/ 229

你抛我接　/ 239

同行中信任我　/ 247

第七章　总结学习收获　/ 255

成果树　/ 256

361 分享　/ 260

争"名"逐"利"　/ 265

chapter 1

第一章

激活现场能量

尼莫找朋友

左颖伟（大左）

一、基本信息

游戏名称：尼莫找朋友

预计时长：15~20 分钟

建议人群：15~20 人，适用于彼此不熟悉的学员

游戏目的：热身并增进学员之间的熟悉程度

场地要求：开阔空地

物料准备：一个尼莫的毛绒玩具

二、游戏步骤

1. 所有学员围成一个大的圆圈，或将学员分成多组，每组围成一个圆圈。

2. 讲师宣布游戏规则：可爱的尼莫在大海中畅游，它想找到它的朋友们。为了能识别它的朋友，我们每个人都需要给自己起一个名字，这个名字可以是真名，也可以是昵称"××"，然后想一个你喜欢的动作，靠这个创意的动作来表达自己。例如旋转一圈、挥舞双手、原地蹦跳等，我们称之为"招

牌动作"。在尼莫游到你面前时，请用这个动作向它表示友好。

3. 在尼莫到来之前，请大家用 30 秒钟的时间想好自己的"名字"和"招牌动作"，然后依次向大家展示，尽量让你的名字和动作被大家都记住。

4. 每个人展示结束后，尼莫开始游泳。此时，尼莫在讲师或者其中任一学员手中，第一个人将尼莫抛向圆圈中任何一个学员，抛出时大喊"××"（这个学员的名字）。

5. 被叫中名字的学员大喊"××"来了，接起绒毛玩具，然后做出自己的"招牌动作"。

6. 接下来，这个人将尼莫再抛向其他学员，按照相同的规则，大喊对方的名字"××"并同时将尼莫抛向对方，被叫到名字的人按照同样的规则大喊"××"来了，同时接住尼莫，然后做出"招牌动作"。

7. 依次往复，直到每个成员都接到过尼莫，并做出了自己的"招牌动作"为止。

三、理论来源

杰伊·克劳斯（Jay Cross）在《非正式学习》中写道："人类存在于人际网络中。学习就是社交。我们的学习离不开他人的参与。"

每个讲师都希望有一个活跃的课堂氛围使学员能够积极参与其中。美国著名的教学活动设计专家贝姬·派克·普洛斯（Becky Pike Pluth）认为，从大脑的层面来看，学员在课堂上要达到这种"开放"的状态，必须先经历以下两个阶段。

第一，控制阶段。学员先要感知到自己是可以控制课堂环境的。一个让学员感到紧张、有压力、尴尬、生气的课堂环境是不可控的，在没有掌控感的情绪中，学员的表现会是尽量沉默，避免与他人进行眼神接触，不愿意参与教学活动。因此，讲师要尽量让学员在课堂上受到尊重、感到轻松，让学员自己有掌控感。

第二，融入阶段。在学员感到没有人会让自己尴尬、没有人会给自己压力后，学员的下一个心理诉求（希望融入学习环境）就会出现。学员需要知道是谁在和自己一起学习，他们对课程的心理诉求是否和自己一样，他们对即将学习的课程内容有什么困惑、对刚刚学习过的课程内容有什么收获。对一起学习的伙伴有所了解，是每个学员的心理诉求。如果学员对周围的人始终都比较陌生，缺少人际的链接，那么在思考、发言、讨论时，学员的表现就会比较保守和谨慎。学员之间的个人社交活动有助于满足学员"希望融入学习环境"的心理诉求。

四、关联实际

1. 经过这个游戏，大家得到了充分的热身，身体和大脑都开始变得活跃，脸上也都显露出轻松愉快的神情。然后请大家落座，在轻松快乐的氛围中开始当天的课程。

2. 实践中常有一些善于肢体表现的学员，设计了很夸张的动作，例如舞蹈演员谢幕式、旋转式等，这些学员充分释放自己的同时也很好地带动了氛围。

3. 在课间或者在下午开课学员犯困时，都可以做这个游戏，让学员换一个身份（这里指换一个名字），在大海中与尼莫游戏片刻，以缓解疲劳。

4. 讲师在开场时做自我介绍是符合学员的感受需求的。只是传统教学设计大都是学员逐一做自我介绍，或者小组内做自我介绍，通常的形式还是局限在座位上，显得平淡而冗长。

同时，运动与大脑活跃之间有着明显的联系，运动可以促进血液循环，给大脑带来营养物质，使思维更加积极。此游戏让学员的社交需求融入肢体运动中，改进了传统教学中学员之间的自我介绍环节。

5.当每个学员给自己起一个天马行空的"名字"时，学员能够更好地关注自我，在自我介绍时也可以充分地展示自我，满足学员的社交需求，再用一个招牌动作来表达自己，通过肢体运动活跃学员的大脑；在游戏过程中要求用大喊的方式呼叫与回应，大喊使面部肌肉也得以放松和舒展。这样的开场比传统的开场更能调动学员的积极性和参与度。同时，毛绒玩具会抛向每一个人，可以带动个别极不活跃的学员也积极地参与进来。

6.由此也可以让参与游戏的人发觉在当今职场中进行人际交往或产品定位，需要迅速地让对方能够清晰地记住你，加深印象。也就是增加个人曝光率打造个人IP。打造爆款，精准营销。

7.本游戏还有变通的玩法，例如毛绒玩具可以随意选择，只要够可爱就可以。在课程总结时，每个接到毛绒玩具的人分享一下自己对课程体验最深的部分，然后再抛向另一个人，直到所有学员分享结束。这是一种很好的集思考、运动、娱乐于一体的课程回顾方式。

你是明星：团体模仿秀

王文浩

一、基本信息

1. 游戏名称：你是明星：团队模仿秀
2. 目的：练习观察、共情、思考能力，增加团队活力、发掘表演潜能。
3. 时间：15~30 分钟（主持人可以根据情况调整游戏），建议人数 6~50 人。
4. 内容：分 A 和 B 两队阵营，活动现场根据实际情况也可以分为多队，只要每队场景不同即可。

二、游戏规则

给 2~3 分钟，让每组想出有 5~6 个连贯性动作的事件演绎，让对方模仿与猜测意思。

例如：

场景 1：清晨闹钟响，主角赖床，继续睡，重复两次，惊觉要迟到了，赶紧起床洗脸刷牙，穿衣出门。

场景2：周末，心情愉悦地开着车在高速公路上，遇见右后车违章超车逼你一下，差点碰到。然后你很生气地追上去，逼对方一下，对方再逼回，两个来回以后真的出车祸。

场景3：一个人在做家务（擦窗户、清扫地板），突然看见一只大老鼠窜出来，拿扫把到处追打致死，然后拎起死老鼠尾巴扔进垃圾桶。

场景4：上班时，写报告，很有思路，一个电话进来，挂断不影响心情，然后又打错电话进来，再挂，重复三次，真生气了。直到没有电话进来时，写作思路却没有了。

B组全体离场，先派一人（B1）回来看A组表演。

B1看完表演后便向单独回来的B2模仿A组表演；B2再模仿，轮到B3单独观看模仿……依此类推。

到最后一位B组员时，他要模仿出全套动作，并要求讲出每个动作的意思。

换成B组设计表演，A组模仿猜意。

三、实操建议

该游戏作为培训中的热身活动或者单独的一个学习项目都可以，不受场地环境的制约，适用范围广。游戏前要提醒学员，不能做一些剧烈的动作，以免受伤。

执行案例：在给一些企业年轻管理层的培训中采用过这个游戏，除了活跃气氛之外还可以锻炼学员的观察能力和思考能力。

观察思考能力，这是领导能力组合中一个很关键的能力，它不仅是指大脑对事物的观察能力，如通过观察发现新奇的事物等，还能够让我们避免受表面现象的迷惑，而真正看到事物的本质和变化趋势。现代企业无一例外地处在一个快速发展变化的时期，行业内有的管理者认为会消耗大量资源，快速降低利润率；有的管理者却看到行业内会加速淘汰一些不注重创新、研发的企业，他们在思考怎么趋利避害地整合发展。这就是两种截然不同的观察思考得出的结论，自然这两类企业的发展也会有不同的途径和结果。

作者简介

王文浩（问好老师）

资深实战型企业管理培训师，注册高级管理咨询师，二十余年的培训经历，GE商学院特聘领导力专家、长期担任世界500强亚太企业管理顾问等，同时受聘于北京大学、清华大学、复旦大学、同济大学、交通大学、华东理工大学、中国浦东干部学院兼职讲师、中国国家职业资格培训专职讲师等。

前后左右

陈佳汇

一、基本信息

1. 游戏名称：前后左右
2. 预计时长：15分钟
3. 建议人数：10人以上

二、前期准备

1. 场地要求：空旷的场地，面积以10个人为基数，需要3米×3米左右的空间。
2. 物料准备：无（若人较多，场地比较空旷，培训师需要准备话筒音响，有助理配合更好）。

三、操作流程

1. 主要步骤

（1）如果本来课堂就分组，以原小组为单位，一般每组6~10人；如果没有预先分组，10~20人一组，超过20人可以分成几个小组。

（2）每个小组围成一个圆圈，间距为一个人的手臂伸直左右的距离，活动期间大家手拉手。

（3）学员围成圆圈后告诉他们，我们的游戏叫作"前后左右"。培训师的随机指令只有四个——前、后、左、右中的任意一个，他们需要做的有两件事——要高声说，同时要配合动作。

（4）整个活动会做四轮
① 第一轮：说的做的都和老师的指令相同。
② 第二轮：说的做的都和老师的指令相反。
③ 第三轮：说的和老师的指令相同，做的和老师的指令相反。
④ 第四轮：说的和老师的指令相反，做的和老师的指令相同。

（5）每轮随机做三个指令，做准确的学员留下，做错误的学员离开旁观。若某个组的人数少于三人，可以将几个小组合并起来。

（6）如果结束时还有比较多的学员都准确执行指令留在圈内，可以快速重复四轮，每次1~2个指令。若任何环节中只剩下三名或以下学员，活动结束。

2. 关键环节

（1）这个活动最合适在下午培训或会议开始前进行。

（2）活动场地不能太拥挤，如果在教室内需要将周围的椅子等挪开，以免绊倒。

（3）活动开始时大家手拉手，间隔一个人的手臂伸直左右的距离，这样大家接受指令做动作往前不会太挤，往后也不会太紧。每一轮开始时，都需要重新调整间距。整个过程都需要手拉手进行，因为一旦有人出错就会马上感觉到。

（4）每一轮开始，老师需要明确要求，并亲身示范，并给予学员两次尝试机会，做错的不淘汰，然后再正式开始。

（5）如果有几个圈子，培训师在圈子外指挥；如果只有一个大圈子，开始时培训师在圈中指挥比较合适。

（6）如果活动穿插在培训课程间隙，而且整个培训有奖励制度的话，可以给予坚持到最后还没有被淘汰的三名学员奖励。

3. 参考话术

（1）我会随机给出前、后、左、右这四个指令中的一个，大家要做两件事：大声说和按要求做出相应的动作。

（2）……我们的第三轮需要大家说的和我的指令相同，做的和我的指令相反。我们一起反应一下，我说左，大家要怎么做？……对了，大声说左，同时人往右走一步……大家一起跟着我的口令试两次，我说前……我说右，做错的同学没关系，现在我们只是练一下不淘汰。大家再一起回顾一下现在我们做的第三轮的要求，说的和我的指令相同，做的相反……那我们就正式开始了，错误的同学就会被淘汰了，听我指令……

（3）大家感觉容易不容易？如果幼儿园的小朋友做，你感觉会比我们做得好吗？为什么？

四、关联知识

这个活动可以仅仅作为调节课堂气氛，或者下午振作精神之用，不做点评和总结。

如果需要，也可以和培训课程做简单的链接（不展开，时间控制在2分钟），大部分培训的最终目的是行为的改变，而我们成年人都有太多固有的习惯，这也是要改变行为的困难所在。从这个活动就可以看到习惯的强大作用，看似这么简单的指令我们都很难做准确，就是因为它有悖我们的日常习惯。所以我们课堂所讲到的点，如果你真的想运用到工作生活中，就需要有意识地去抑制你想要去改变的旧习惯，并强制培养你愿意达成的新习惯。

作者简介

陈佳汇（Judy Chen）

曾任职于可口可乐大学，担任高级导师，有超过20年的专业企业培训经验。负责整个可口可乐中国区（包括港澳台地区）各层级的管理培训课程的框架计划制订和具体的课程讲授与评估，同时也引领和负责建立了可口可乐的内训师体系。

作为可口可乐专职讲师，服务对象除了可口可乐40多家瓶装企业，还包括可口可乐的外部供应商和客户。目前作为自由讲师，培训客户涉及外企、国企、民企各个行业。

陈佳汇女士培训的理念是"不为了培训而培训"，需要符合成年人的学习特质，在精准的需求下寓教于乐并实操落地。擅长用灵活和深入浅出的方式引导学员掌握知识和技巧并运用于实际工作和生活中。

你拍我逃

陈昕

一、基本信息

1. 游戏名称：你拍我逃
2. 游戏目标：破冰、暖场、增强反应力与注意力、沟通心智模式突破
3. 预计时长：5分钟
4. 游戏特点：简单易行、趣味性强、无须任何道具
5. 游戏人数：2人及以上（尤其适合大型团队和会场）

二、游戏规则

1. 如图1-1所示，先请所有学员两两结队，组成一组，面对面站好。两人保持适当距离，每个人伸出双手，掌心相对。

2. 接着请两人选择角色，一个角色为"老虎"，一个为"老鼠"，角色可自由选择或由猜拳决定。

3. 预备姿势站好后，讲师宣布：待会儿我会讲一个老虎和老鼠的故事，请大家认真听。当学员听到"老虎"二字时，请饰演老虎角色的人用双手去

拍打对方的左手或者右手，而对方则把手放向背后来逃避。当学员听到念"老鼠"二字时，则二人角色互换，即扮老鼠者用手拍老虎，老虎设法躲避。

4.游戏结束后，请学员回忆刚才的故事里有几个人物。谁可以复述这个故事？

图1-1 游戏"你拍我逃"

· 游戏故事导入

老鼠和老虎

很久很久以前，森林里住着一只聪明的小老鼠，它有一个邻居，是一只强壮的老鹰。有一天，阳光明媚，老鹰邀请了很多朋友到家里做客，其中就有大老虎。这是小老鼠第一次见到大老虎，他又高又壮，也非常聪明。他们一起吃东西，玩游戏，听故事，开心极了。小老鼠问："我可以叫你虎哥哥吗？""当然可以！"就这样，他们成了好朋友。

日子慢慢过去，小老鼠逐渐发现，他和虎哥哥之间，出现了不少问题。每次玩"老鹰抓坏蛋"的游戏时，大老虎总是当好人，仿佛就像一个真正的英雄，大老虎还说："好人总是很高大强壮的！"听到他的话，小老鼠很悲伤，因为他的确是一只很小很小的小鼠。每次分蛋糕，虎哥哥分到的那块总是最大的。他说："我长得高！"小老鼠很悲伤，"唉，我不过是一只很小的小鼠。"

直到有一天，他们一起搭积木，一个漂亮的城堡马上要搭好了，突然，大老虎跳起来，用他刚刚学会的空手道把城堡踢飞了！还说："你看，我多厉害！"小老鼠气得大叫起来，"我再也不跟你玩了！虽然我很小，你很大，但是，你也不过是个很大的大坏蛋！"两个人都很伤心，呜呜呜哭起来。住在隔壁的老鹰听见了，赶快过来劝架，但是不知道该劝大老虎，还是劝小老鼠。最后他叫来了森林里的老法师，老法师只大喊了一声："小老鼠啊，别拍了，再拍，拍得手都疼了！"

·游戏关联知识讲解

（1）克服选择性知觉的偏差

在"你拍我逃"活动中，因为大家将注意力放在拍手和逃的动作上，关注点仅仅是"老虎"或"老鼠"。最后，当老师问学员"这个故事有几个人物？"时，学员常常一脸木然的表情，更不用说复述这个故事到底讲述了什么。

所谓"选择性知觉"（Selective Perception），是指人们在某一具体时刻，根据自己的需要与兴趣，有目的地把某些刺激信息作为知觉对象，而把其他事物作为背景进行组织加工的过程。

举个例子吧！工作十年的你准备给自己一个奖励：换一部新车。在同等价格的不同品牌中，你比较了奔驰、宝马、奥迪……经过筛序，你最终决定换一辆宝马。终于，这一天，你带上家人，清早出门准备去宝马某4S店交定金。当你走上街头，突然一件神奇的事发生了：你发现，在这个城市熙熙攘攘的大街上成千上万辆车中，所有的车在你眼里只被分为了两类：宝马和非宝马！

选择性知觉是一种在我们的工作生活中经常发生的认知偏差，它分为两个层次，一个是低层次的知觉警惕：即关注自己需要的东西，比如你如果想买房子，那么你会有意无意地关注这方面的信息；一个是高层次的知觉防御：即拒绝与自己需求无关的，视而不见，听而不闻，比如你对某件事持有的一个观点，你往往会忽视不同的声音。

所以，在沟通中，往往大家目标明确，想要去说服对方时，会不由自主地忽略很多信息。当你仅关注自己在意的目标时，对方所说的话，对方情绪的变化，对方的肢体语言透露出来的信号等全都会被作为背景信息过滤掉。

有的学员问：处理冲突情境时，准备好了解决方案，但客户根本不给我说的机会！怎么办？

事实上，当我们感觉对方不给机会时，是否能放下心中"想控制，想说服"的执念，把关注点回归到对方身上：他此刻在做什么？是在表达他的不满，还是在表达他的情绪？除了我们捕捉到的语言信号，如果你捕捉到了很多非语言信息，比如那些情绪信号，就有了进一步打破僵局的机会。"我们可以不同意客户的要求，但我们可以认可客户的情绪价值。"当一个人的情绪被关注认可时，我们就找到了共情以及继续谈话的机会。事实上，只关注自己的目标方案，连对方的话一个字都听不进去的时候，才是真的没有机会了！

（2）群体间相互影响的互动反应带来的思考

在这个游戏中，两两组合的学员，难免会出现这次你拍到了我，你赢了；下次我拍到了你，你被抓住了。每一位都是动作实施者，也是风险承担者。

非常有意思的是，在游戏中常有这样有趣的现象发生：

游戏规则并没规定用多大的力气拍，但有的组，学员拍得很彪悍，一副"你死我活"的样子；有的组拍得很温柔，拍到了队友的人还开玩笑问一句："不疼吧！"

被同组学员狠狠拍到的学员，常常也会凶猛地回击；被同伴拍到了但又被安抚的学员，回拍时也大多温和。这仿佛是人和人互动时的自然反应的一幕幕映射。在我们的工作和生活中，有时候尽管我们没有开口说什么，但只要发起了一个行为，对方作为这个行为的接收者，除了沟通信息，也接到了不少隐形信息。我们的行为会影响他人对自己的态度，无论是领导、上级、下属、朋友、陌生人以及亲密的人，这些行为甚至潜移默化地影响我们与对方的关系。

沟通合作，客户营销，团队管理中最难学习的不是那些技巧，而是如何建立人与人之间心的桥梁。只有相互尊重、彼此真诚信任与支持，才能够建立起最牢固，感受最安全的人际互动关系。

所以，如果一个人对朋友冷嘲热讽，又何以奢望朋友能回馈热情与支持？一个母亲从不尊重孩子的感受与选择，又怎能奢望孩子解读母亲的艰辛与不易？我们的行为，就是对方的镜子，这面镜子，会影响对方未来对我们的态度。

三、实操建议

1. 节奏适度调控

这个游戏，因为故事中的关键词"老鼠""老虎"，这两个词决定了学员拍手频率，因此，建议培训师精心设计故事中关键词出现的频率。故事开头，关键词出现可以略微频繁，调动大家的积极性；故事中间需要培养学员倾听的耐心，建议关键词出现频率不要太高。可以用"小鼠"代替"老鼠"，用"虎哥哥"代替"老虎"，学员会有想拍的冲动又必须克制，"欲拍不能"中反而增加了游戏的趣味性。

2. 故事灵活多变

这个游戏中导入的故事不是固定的，甚至可以自己设计。如果是企业内训，可以结合内训内容，设计"客户化"的小故事。比如加入企业名称及其竞争对手名称，或者把学员最关注的工作任务名称和容易混淆的任务，融入故事当中。

3. 氛围收放结合

这个游戏笔者在培训现场实操过多次，氛围热烈，由于此游戏主要动作为拍手，甚至游戏结束后，大家产生了行为惯性，课堂的掌声都会比以往热烈。但是，也会出现学员过于活跃，游戏中不断插嘴，干扰故事导入，或者结束后兴奋不已无法回归课堂主线。建议培训师在游戏开始前强调："请大家保持安静，不要干预故事导入。"培训结束后引导："我们动静相宜，下面请大家启动大脑，思考以下问题……"总之，课堂的游戏活动是为内容服务的，及时调整课堂氛围及节奏，把握课堂内容为主线脉，以创造既有"深度"又有活力"温度"的培训课堂。

作者简介

陈昕

陈昕女士拥有11年培训与咨询经历，千余场培训实战经验。她是GENOS情感智能的国际认证讲师。她的客户主要来自金融行业、大型国企及知名企业。

多年来，陈昕女士始终将"五线谱教学法"运用在教学活动中，课堂上除了以知识内容为主线，采用多种教学方法引发学员的自我思考，寓教于乐，寓教于景。

陈昕女士的培训实战性强，以解决工作问题为目标设计课程内容。她是多家商业银行总行及分行指定邀请的内训讲师。

人体缠绕

季东来

一、基本信息

这是一个规则相当简单，目的十分明确，过程可能很有趣，结果也可能出乎意料的小游戏。可以在各种场合（只要参与者还醒着）以及各类人数（只要有2个人或以上就可以）的时候玩。

1. 游戏时间

活动本身可能需要10~20分钟不等，回顾与总结可以在15~20分钟左右。

2. 游戏准备

游戏的要求：

（1）至少有2个人，最多人数不限。

（2）有足够的给到参与者2人一组面对面站立的空间。

（3）需要柔软的粗绳子或绳带（用来扎礼物盒的）做道具，每个参与者1.5米长的绳子就可以。

二、游戏的流程（游戏指导者的视角）

1. 下面我们一起玩一个小游戏，这个游戏非常简单，目的是让大家能站起来活动一下，也顺便考验一下大家的头脑和创造力……我们先邀请大家都站起来（确认大家都站起来了）。

2. 接下来，要请你找到你身边你特别想更深入了解的一个人，站到他旁边，两个人组成一个小组，然后举手向我示意。如果有某位朋友没找到你的伙伴，正好落单了，请站到我的身边来，我们两个人一个小组（确认大家都有了搭档，落单的人到了你身边）。

3. 好，接下来会给大家发一根绳子，请确认你拿到而且只拿到一根就好了（确认）。

4. 然后，我会请我身边的这位朋友做示范（找一个人做临时搭档）。请大家两人小组里面先帮助一个人把绳子的两头分别绑到两个手腕上，打个一会还能解开的结，不要打得特别紧，空出一个指头的缝隙就好……像是我身边这位朋友的样子（确认）。

5. 接下来，请两人小组的另一个人先在左手上打个结，对（确认左手打结完毕）……然后把你的绳子穿过你搭档的绳子中间，再把另一头绑在你的右手腕上，就像是这样（确认右手打结完毕）。

6. 好，现在各位如愿以偿，和你特别想了解的某个人绑在一起了……我们这个活动的目标，就是请大家从现在双手绳子彼此相交叉的状态，通过你们双方的努力，进行到双方绳子彼此不交叉，你们两个人也能够彼此不纠缠地分开站的情形。

7. 这个活动的过程中间，只有一个不能做的事情，大家猜一下是什么？（听大家的各种猜测……或是真的猜对了）对，就是不能把绳结从手腕上拆下来，这样的话这个活动就毫无意义了。我要告诉大家的是，这个彼此分开的状态，是一定能达成的。

8. 还有什么要问的吗（等待大家的问题，或确认都准备好了）？如果没有问题，大家也准备好了，请大家现在开始接绳结的活动……

9. 参与者会很投入地两两纠缠在一起，各种纠结和缠绕，你观察就好，别让大家过分扭曲而受伤，也不要让小组间距离太近而互相打到就好。

10. 可以适当地做个暂停，询问大家是否有了什么发现。有可能大家还在兴头上，也有可能已经有人想放弃了……这时可以问大家"你们想过除了绳子本身和身体的扭动之外，还有什么需要再拓宽的思路或角度吗？再想想看，这是关于创新和出乎意料的活动"。

11. 如果还是没人想出来，可以偷偷地找到场内的一个小组，教他们如何解套，如图 1-2 所示。（最好你自己练过几遍，免得你都忘了，切记切记！）

12. 请已经学会如何解绳结的小组，去帮助那些还不会的小组，并且把这个方法教给那些不会的。

13. 当大家都学会如何解绳结了，请大家停下手头的事情，宣布活动结束。可以进入回顾与总结环节，也可以就此结束。

三、游戏点评

这个游戏的点评可以关注三个点：

1. 两人小组如何解决问题与创造性思考？
2. 如何从他人处学会解决问题的方法？
3. 如何教会其他人学会一个新的技能方法？

以下这份问题的列表，只是想到的一些可用做回顾与点评的问题，不需要每一个问题都问。

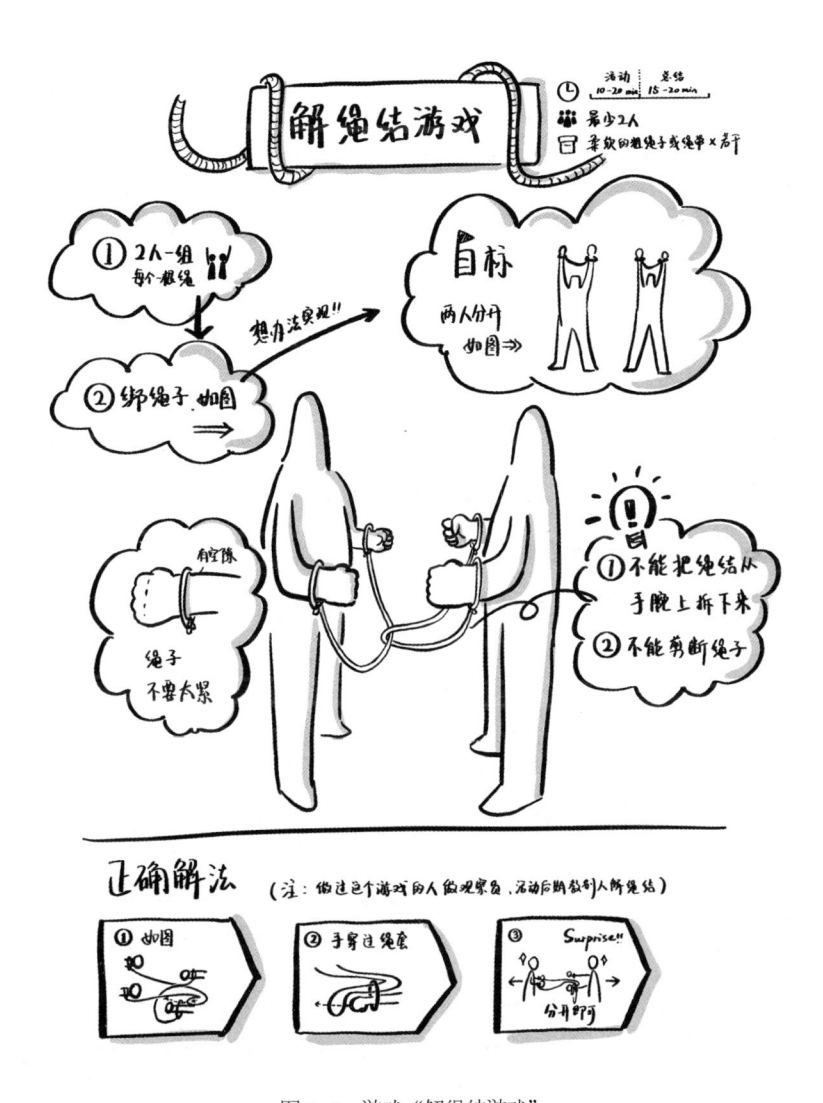

图 1-2　游戏"解绳结游戏"

（1）这个活动里面，你和搭档是如何合作的？

（2）你和搭档有哪些非常有效的合作经验，是可以和大家分享的？

（3）你和搭档有哪些可以做得更好的地方？怎么做呢？

（4）当你们发现解开绳结的方法的时候，有什么启发啊？

（5）你们是学会解开绳结的？别人是如何教会你们的？

（6）你们是如何教会别人的？教别人学会的过程中有什么经验和启发？

（7）这个活动里面，你对你的搭档有什么新发现和了解？

（8）其他……

四、注意事项

1. 可能有落单的，这样的话就要求这个落单的和你搭成一组，既可以做如何打绳结的演示，也可以在没有观察员（见后面关于观察员的内容）的前提下，做接下来的解绳结活动。

2. 可能有身体条件不适合做伸展或扭曲的，这个在游戏开始前需要问一下，避免有人受伤或是有人在游戏过程中引发身体不舒服。（最糟糕的情况是，饭后有人因为这些身体的扭曲和弯折而胃部不适，呕吐了……别问我怎么想到的）

3. 可能绳子会引发过敏，也有可能绳子太粗或太细会扎到手，所以尽量用非植物编织而且柔软的绳子。我一般会用文具店或礼品店用来包扎礼品盒的 2~3 厘米宽的彩色绳带，既柔软又舒服，又没有很锐利的边缘，不伤手。

4. 可能有人会把绳子绑得很死，打成死结解不开，要么勒到手腕，要么解开不得不用强制手段例如剪刀。所以请在一开始教大家打绳结时尽量慢而且清楚，可能的话，请检查每一个两人组；另外备好一把剪刀，如果有人绳结到结束时实在解不开，就用剪刀剪开。

5. 可能有人做过这个游戏，所以在绑完手腕的绳子以后，要先确认一下是否有人做过这个活动，请做过的人做观察员。观察员可以在活动后期教会别人如何解绳结，也可以在点评时分享自己的经验。

6. 可能有人玩到一半没兴趣或是不想参与了，这时要做一些鼓励的工作，时机成熟了再做一些提问引发思考，不要急于让所有人参与进来，有些人就是喜欢在观察和思考后再采取行动。

五、关键节点

1. 这个活动很欢快，要保持欢乐的气氛和心情。
2. 这是一个体现创造力的活动，一切皆有可能，不要试着纠正什么。
3. 这是一个让大家尽量参与的活动，所以鼓励大家互相帮助和学习，你要尽量少参与。
4. 这是一个有肢体接触和语言交流的活动，所以要做好事前沟通并帮助大家放松心情。

六、应用场景和变形玩法

1. 开场破冰活动
2. 困乏时提升能量的活动
3. 沟通与交流类的游戏
4. 创新思维的活动
5. 问题分析与解决的活动

变形的场景与玩法：

1. 年会上的活动
2. 婚礼上闹洞房的活动
3. 新员工培训中的活动

……

作者简介

季东来

- 上海外国语大学 MBA 项目测评组企业顾问，面试官
- TEDx Fuxing Park，华尔街见闻等论坛的演讲者教练
- MBTI、PI、Hogan、Belbin 等性格类型问卷的施测师
- 英国国际专业管理协会（IPMA）国际培训师认证课程培训师
- 英国 Tavistock 人类关系研究所认证团体动力师，组织系统分析师

季东来的职业经验有三个不同的维度：最初六年的销售与销售管理，然后是三年多的青少年心理咨询员，再接下来是十年人力资源和组织发展。这些成为他 2010 年以后十几年培训咨询师的支撑点。

在他看来，销售就是如何达成结果，而心理咨询是如何与他人建立关系，组织发展是在组织内如何活得好。而要达成这三点，一个厉害的职业人需要三个核心能力：想清楚、说明白、搞得定。

借用一家美国咨询公司对全球前 200 强企业高管的职业核心能力的调查结果来说，就是批判性思维能力，清晰明确的表达能力，以及解决问题的能力。

从 2010 年至今，季东来一直在从事以思维、表达与解决三项能力为核心的培训、教练和咨询工作。他培训辅导过的客户涉及各大行业，从零售到时尚，从汽车到电梯，从化工到食品，从金融到电子，从航空到医药，阿里巴巴也是他已经服务了三年的客户。

问候海洋

薛振宇

一、基本信息

1. 游戏名称：问候海洋

2. 预计时长：20 分钟

3. 建议人数：10~20 人

4. 场地要求：正常的培训教室，需要至少三面墙，可以贴 A1 尺寸的大白纸约五张

5. 物料准备：五张 A1 大白纸、水彩笔一盒、胶带一卷、正方体牛皮纸小盒人手一个、人手一支笔

6. 应用场景：培训开场时的暖场破冰（如图 1-3 所示）

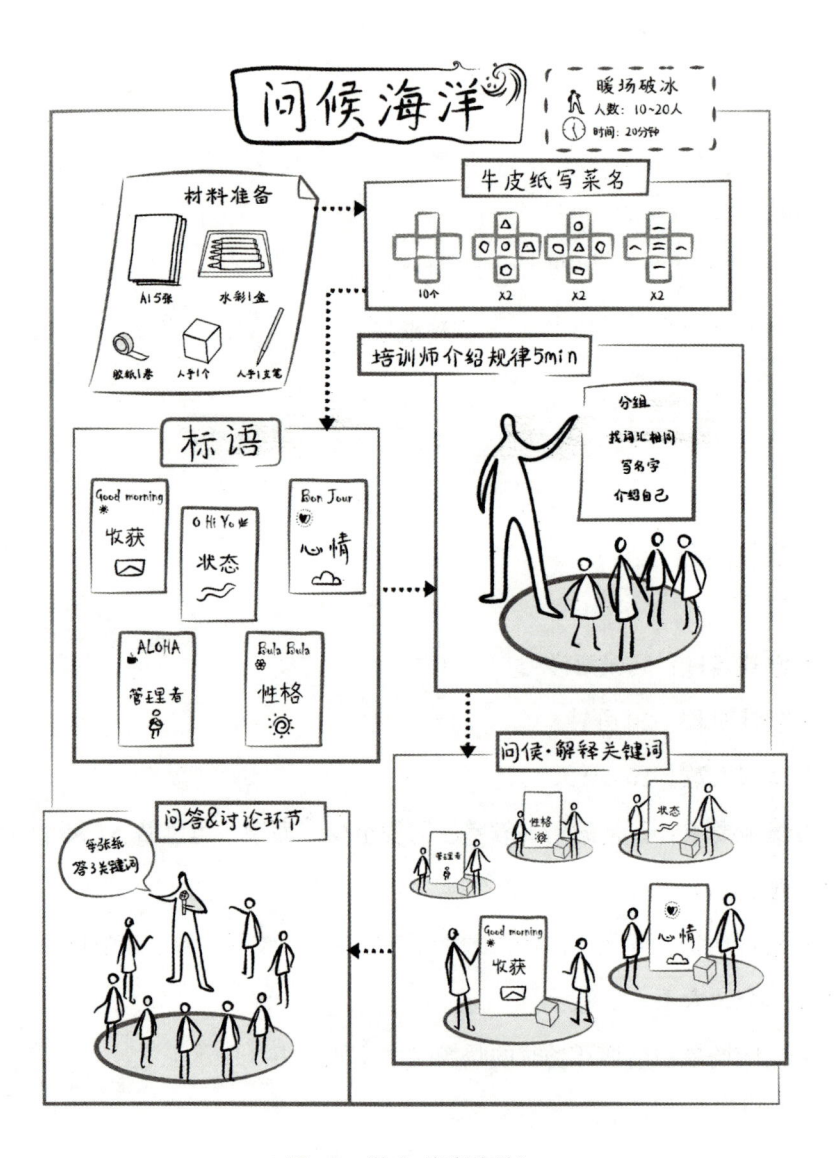

图1-3 游戏"问候海洋"

二、操作流程

1. 物料准备

（1）准备五张 A1 白纸，每张白纸上写下一个国家的问候语，包括："Good Morning""Bon Jour""Bula Bula""O Hi Yo""Aloha"，可以在每个问候语旁画一个简单的标志，来丰富大白纸画面。再在每个问候语下面写上一个和今天主题相关的简单的正向问题，要让学员能够表达自己的观点。比如，在管理培训的时候我们会问对方：如果你成为一个优秀的管理者，你会想到哪个画面？同时也需要问学员心情问题，比如今天来参加培训的心情如何？示例如图 1-4 所示。

（2）准备一批和参训学员人数相等的正方体牛皮纸小纸盒，大概 6~8 厘米的边长即可。买回来的纸盒应该是未折叠状态，在纸盒的内侧写上同类型的词汇，每个词汇写两个纸盒。比如，我平时喜欢写川菜的名字，假设我准备十个纸盒，我就分别写"宫保鸡丁""鱼香肉丝""麻婆豆腐""回锅肉"和"沸腾鱼"这五组词。每两个纸盒都写同样的菜名。

（3）白纸写好后提前贴上墙，尽可能分开贴，保证每面墙都有相关内容，最好能够有高低错落的摆放。把写好词汇还没有折叠的纸盒放在讲台或地面，把写字的一面倒放，不要让学员提前看到。

2. 执行流程

（1）都准备好之后，邀请学员进教室，培训师开始简单介绍自己当天的培训主题，尽量简短，五分钟介绍完毕。

（2）游戏口令 1：现在，我们开始做一个小的讨论，和今天您来参加的培训有关，我们先两两分组（如果有奇数的学员，三人一组即可）。那么，如何分组呢？大家可以看到教室前面的地上有一堆牛皮纸，请每个人拿一张牛皮纸，

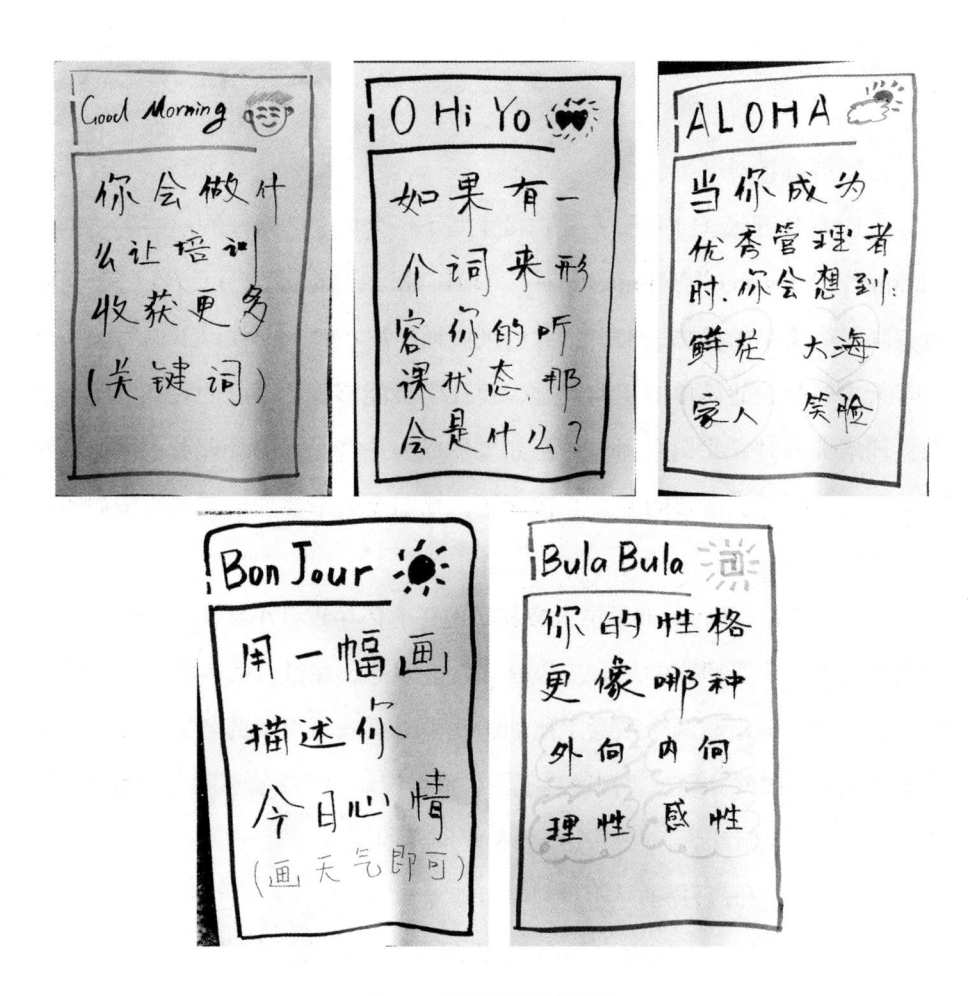

图1-4 游戏物料准备示例

（3）每个人都去拿起一张牛皮纸，确保所有人都拿到了。

（4）游戏口令2：现在请看牛皮纸上面写的词，找到和你的词汇相同的那个人，一分钟内完成。

（5）所有人找到自己的搭档。

（6）游戏口令3：现在请每个人按照牛皮纸的纹路把它折成一个纸盒（所有人开始折）。这样你就得到了一个六面体纸盒（培训师边讲解边折出一个纸盒，同时要求学员相互指导，直到所有人折出纸盒）。请在其中一面写上自己的名字，请向你的搭档简单介绍一下自己，包括你的姓名、工作以及一个兴趣爱好，每人限时一分钟。

（7）游戏口令4：当你们彼此介绍完自己之后，请走到各处张贴的白纸前，先按照上面的标题问候一下彼此，然后根据白纸上内容，写一个关键词在纸盒的一面，并且跟搭档解释你写这个关键词的含义，总共五张白纸，正好写满纸盒的五个面。限时10分钟。

（8）所有学员开始找白纸，就相关的内容讨论。白纸讨论没有固定顺序，可以从任意一张白纸开始讨论。

（9）游戏口令5：现在，大家都讨论完毕了，请回到你们的座位上。我们一起来看你们的关键词都有哪些。

（10）培训师念一遍白纸上的内容，让学员们回答出三个不同的关键词，并且写到白板上，总共五张白纸，可以总结出15~20个正向相关的词汇。培训师做简单总结，就接下来与课程有关的内容，展开当日培训。

3. 关键环节

（1）所有白纸上的问题必须简单和正向，让学员愿意简单讨论并得出正向词汇。

（2）所有口令必须清晰，可以带有指导性的演示，让所有学员快速理解所说内容。

（3）白纸设置的问题既要有观点问题，也要有心情问题。

三、关联知识

1. 理论来源

如今，引导技术已经被越来越多地应用到培训当中，对于很多新生代员工来说，无论是培训还是工作，传统的"讲道理"或者"我说你听"的模式已经越来越不适应他们的节奏。所以培训管理者都在强调参与性和互动性。但是当我们强调这些行为时，又担心出现尴尬的场面，那就是，如果当我们开始互动的时候，对方不互动或者不积极，怎么办？"问候海洋"的游戏由此而来。该游戏往往设置在培训开场，它有着诸多背后的原理。比如，白纸的内容书写尽可能用不同颜色的水彩笔来写，让人们眼中的色彩更加丰富。比如大白纸可以高低错落有致地贴在墙上，让学员们在走动的过程中尽可能增加身体姿势的摆动。比如，让每个人都能够自己折纸盒，增强他们的动手能力。多种形式的设计，会让学员在无形中参与进来，一旦参与进来，他们的知识就不再是培训师传授的，而是自己体验出来的。

2. 游戏目的

一场培训组织的好坏有两大关键环节，一是场域的打造，二是人际互动。这两者无一不和"激发"有关，场域打造关键点在于安全性，如果学员进入场域觉得舒服、愉快，必然更加容易说出心中所想，也更愿意积极互动。而所有问题的设置都是正向积极的，学员就更加愿意表述。同时，我们说今天的培训和传统最大的区别在于，传统的培训师如果想给学员一杯水，自己必须准备一桶水。而今天的时代变化之快、信息更迭量之大，早已超出我们的承受范围，如何运用"激发"技术，让培训的产出超出我们的原有设定，才是一场培训"值不值"的关键点所在，培训师让自己成为"催化剂"，关注场域打造，就会让一场培训更加完美。

3. 游戏意义

让学员开场做"问候海洋"的关键分享因素有三。首先，是他们能够分享自己的观点，比如，"您觉得领导力用一个词来描述应该是什么？"其次，他们能够分享自己的感受，比如，"您今天来这里的心情如何？"最后，他们通过搭档的分享，能够感受到和自己不同的观点，并且开始吸收。这三点做法的意义在于：一是个人观点透明，让所有人开始了解彼此的观点，有助于建立场域的基本信任感，所有人可以更好地为接下来的培训做好热烈讨论的准备，而不用心存太多的戒备；二是拉大信息池，我们能够看到更多的观点、心情，既能够找到相同的人，也可以接纳不同的观点，让学员彼此产生链接，吸收到更多与众不同的信息；三是改变场域温度，想想看一早走入培训会场的时候，或多或少每个人都会有一些拘谨的感觉，当"问候海洋"结束的时候，每个人都在表达，整个场域都会充满认同与接纳的气氛，场域的温度和20分钟之前相比已经热络了很多，这将会为接下来的培训打造一个坚实的基础。

四、关联实际与实操建议

1. 简化应用

如果是团队内部的培训，可以不使用牛皮纸盒，可以指定搭档，也可以抽签决定。五张白纸可以简化到四张或者扩充到六张。关键在于让所有人能够走动起来，让所有人可以表达，让所有人可以分享观点和心情。

2. 会议应用

为了避免出现"一言堂"或者气氛沉闷的会议，可以在会议开始的时候就当天需要讨论的议题做"问候海洋"的游戏。

3.团建应用

在需要走心的会谈、团建或者工作坊当中，也可以先做"游戏海洋"活动，让所有人先打开心扉，然后再开始正式的内容。

作者简介

薛振宇

薛振宇老师从事培训与咨询行业已经超过十五年时间。从最初做一名培训售前顾问，进而发展成为咨询顾问、项目负责人，直至带领一家咨询公司完成全年产值目标。可以说，他打通了培训与咨询领域从销售到管理的全流程。

多年的销售与管理经验，让薛老师转职成为一名专业的培训师之后，能够更加贴近客户需求以解决实际问题。他先后认证 CPI、TTAF 等国内外先进的培训学习技术，使得培训课堂不仅从内容上严谨扎实，而且从形式上变得丰富多样，利用引导技术丰富授课形式，让学员更加容易接受培训内容，是他重要的培训手段与方式。

薛老师的客户从移动互联网、科创公司到传统制造业与工业，从金融、地产、医疗等支柱型产业到广告、快消品、人力资源等新兴产业，均有分布。多重行业的客户接触让薛老师在处理实际培训与咨询问题时，能够更加从容地站在客户角度，解决实际问题，从而让培训与咨询项目更加有实效。

chapter 2

第二章

挑战思维方式

卡片分类

易炜

一、基本信息

1. 游戏名称：卡片分类
2. 预计时长：25~50 分钟
3. 建议人数：30 人以内，5 个小组，每组 6 人左右
4. 游戏目的：

掌握结构化处理信息的基本功，同时意识到，在处理相关信息时，逻辑正确只是一方面，关键在于是否能达成自己的预期目的。在日常工作和生活中，能够合理有效地处理信息，才能做到想清楚，写简洁，说明白！

二、物料准备

我们依然可以从正式培训的角度，和日常活动的角度来进行物料的准备。

如果是正式的培训，可以提前准备以下物品。

1. 每人 2~3 张 A4 纸，作为草稿纸。
2. 每组一张可以书写的白纸，可以是最常规的 600×900mm（约 A1 大小）

白板纸，也可以用更大的全开白纸（A0 大小，889×1194mm）。

3. 每组 3~5 支白板笔，最好是有黑、蓝、红三种颜色。

4. 每组事先准备一套包括 20~30 种物品名称的卡片。

5. 卡片的制作非常简单，在 Word 或 PPT 里插入一个表格，例如你要准备 20 张卡片，那就插入一个 4×5 的表格，把表格拉满整个页面，然后平均分布行和列。这样，就有了一个 20 个格子的表格，把物品名称填入表格即可。接着，把这种表格打印出来，裁剪成 20 张卡片即可。如果希望做得更有品质感，可以让专门的打印供应商使用卡片纸打印，并用裁剪刀帮你裁剪好。以下是一个例子，物品名称可以根据自己的要求调整和改动（如表 2-1 所示）。

表 2-1　游戏物料准备

尺子	涂改液	沙发	剃须刀
饼干	冰箱	粽子	空调
衣柜	汉堡	圆规	茶几
可乐	手机	电脑	铅笔
电视	橡皮	床	红茶

如果是平时自己团队的一个活动，可能 10 个人左右，可以稍微准备一些简单的物料（如图 2-1 所示）。

1. 30~40 张白色或淡灰色的卡片纸，扑克牌大小即可，网上可以购买到。

2. 如果不想购买，也可以用 A4 纸裁剪一些卡片纸。

3. 5~6 支马克笔或白板笔。

4. 3~5 张白纸，规格和正式培训一样即可，如果没有，可以用 A4 纸代替。

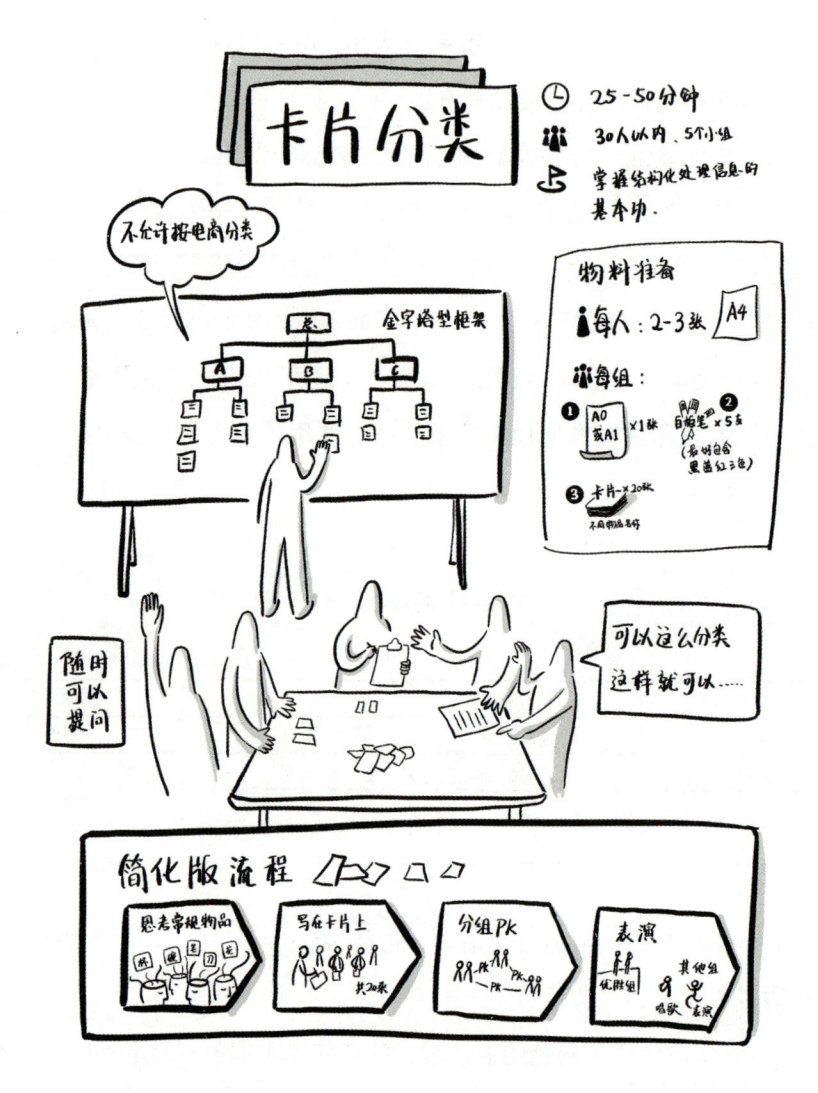

图 2-1　游戏"卡片分类"

三、操作流程

　　正式培训和平时的活动在流程上会有些不同，我们先看正式的培训时，操作流程是怎样的。

第一步：说明活动目的。

通常正式培训都会建议把关键信息直接写在 PPT 上投影出来，因为人在陈述信息的时候，经常会无意识地更换表达的词汇，你以为你每次说的意思一样，但参与者可能会因为你每次措辞不同，而理解不一样。

本次游戏的目的是巩固结构思维中的 G·A·S 三要素（如图 2-2 所示）和信息分类的三个原则（后面会详细说明）（如图 2-3 所示）。

图 2-2　G·A·S 三要素

可以把以下信息直接投影出来，或者手绘在白纸上，贴在培训教室的墙上，让大家可以看到这两组关键信息。

目的性原则
- 始终以达成目的为分类的第一原则

可推进原则
- 分类不仅是为了逻辑正确，而且也是为了事情的推进

MECE 原则
- 类别不遗漏、无重叠

图 2-3　信息分类三原则

第二步：说明活动步骤。

1.接下来我们会做一个卡片分类的练习，每组桌上有一套卡片，每张卡片上有一个物品的名称，请将这套卡片进行分类，并绘制一张金字塔型的框架图。

2.不允许使用电商平台上的物品分类方式，至少第一层级不允许使用。

3.电商平台指的是京东、淘宝、当当、亚马逊等平台。这些平台的分类方式是按物品的属性，或者说我们对这些物品的常识理解来分类的，比如，家具、家电、3C 数码、文具等。

4.这时，还可以询问大家，"你们觉得这些平台为什么按我们的认知常识来划分物品的类别？"参考回答：可以让消费者快速地检索到自己想买的物品。

5.到这里时，可以询问大家，还有什么问题需要问我吗？听到这个问题，有的小组可能会意识到，这个练习中，并没有给到明确的 G·A·S 三个要素。

6.如果有人提出"目的是什么"时，可以请大家暂停。对提出这个问题的参与者表示赞许，同时给出该活动隐含的一个要求。

7. 请每个小组自己预设 G·A·S 三要素，并在预设的三要素下，对物品进行分类。

8. 请大家开始完成这个练习。

第三步：活动中的管理。

1. 在大家讨论和分类的过程中，进行走动巡场，观察大家的理解情况，如果有不理解的，则可以进行澄清。并反复提醒注意分类的三个原则。

2. 同时，你可以告诉大家，在讨论的过程中，有任何问题，都可以向你询问。通常会有这两个问题：

- 所有的东西都要用到吗？
- 可不可以追加一些物品？

3. 这两个问题，你都可以回问一句：你觉得这个和什么有关？（参考答案：和 G·A·S 三要素有关）。

4. 鼓励大家先打草稿，然后绘制在白纸上展示。

第四步：展示后的反馈。

反馈主要就集中在这两个知识点上，即 G·A·S 三要素和分类三原则。

1. 每一组展示时，请其他小组仔细听，稍后让他们提出自己的疑问。

2. 当一个小组展示完后，请其他小组先提出自己的疑问，并请展示的小组回答。

3. 你可以问展示的小组以下问题。

- 为什么你们的这种分类方式可以更好地帮助你达成目的？

/ 41

・按这种分类方式是否能更好地推进？

・是如何考虑沟通对象的需求的？

如果是平时的一个活动，且人数不多，步骤可以简化一下。

1.让大家先想想自己日常工作和生活中都会接触到的常规物品。

2.把准备好的卡片纸发给大家，请大家在每张卡片纸上写一个物品名称，不要重复，写满20张即可。

3.根据现场人数，可以所有人组成一个小组，或者分2~3个小组进行PK。

4.为了让活动有趣，可以评选出优胜组，让优胜组给其他小组出"难题"，比如表演个节目，或者真心话大冒险等。

四、关联知识

这是个看似简单，实际上是做结构思维练习非常有效的活动，我自己对结构思维有个定义。

"根据特定的场景、对象和目的（G·A·S三要素），对散列信息进行分类，并整理出各个类别之间的逻辑关联，从而形成思考框架的思维过程。"

这个定义，点出了结构思维里的几个关键要素，最重要的就是G·A·S三要素和信息分类。通过这个定义也能看出，结构思维并不等同于金字塔原理，金字塔原理只能说是结构思维的一个应用框架。

事实上，金字塔原理也并不神秘，作为中国人，从小到大的语文课上几乎都在训练金字塔原理。我们有个更方便的叫法——总分总！

回到物品分类练习，这个练习，我们希望既能依循G·A·S三要素，同时在分类时考虑两个基本原则。

1. 首先是 G·A·S 三要素

G·A·S 是以下三个英文单词的首字母。

- Goal：目的或目标
- Audience：对象
- Situation：场景

我们在对繁杂信息进行处理的时候，需要考虑到它们最终的实际应用，如果脱离这三个要素来分类，也许逻辑是正确的，但缺乏实际意义。

比如在对这些物品进行分类的时候，我们假定是给一个3岁的小朋友做安全教育，以确保小朋友在家里的安全。

- G 是确保小朋友在家里的安全。
- A 是 3 岁的小朋友。
- S 是尝试着做安全教育。

如果是这个前提，应该怎么归类会更容易达成目标呢？

有人给出了这样的分类方式，第一层分两类：可以放嘴里的和不可以放嘴里的；不可以放嘴里的再分两类：可以碰的和不可以碰的。

这种分类的确比较粗暴，不过却考虑到了 G·A·S 三个要素，尤其是在措辞上，充分考虑到了对象的理解能力。如果使用"危险 VS 不危险"，"带电 VS 不带电"这样的分类，对于一个3岁的小孩来说，可能比较难理解。

我们再来看个极端的例子，在这个活动的过程中，有的参与者可能会问一个问题——所有的东西都要用上吗？

我在有次培训课堂上就有学员问到这个问题，我问他："你觉得这个由什么决定？"

"由 G·A·S 三要素决定？！"

"对的。"

"哦……我知道了。"

结果，他给了个非常极端的分类方式，几乎把大部分的物品全部删掉了。

他说："对象是我本人，我加班到深夜 12 点，又渴又饿，决定去 24 小时便利店解决这个问题。因此，我的分类是这样的，可乐和汉堡。结束。"

这样对吗？理论上来说，是没错的，因为他设定了一个很特殊的 G·A·S，特别是把对象 A 设定为本人，这样怎么分都是对的。

我们换一个角度来思考，假如把这些物品名称替换成你收集的信息，可能有竞品情况、市场规模、价格、客户反馈、人口构成、宏观经济等，现在你的上级要你写份调研报告，你所有信息你都会用吗？你会根据什么来选择信息呢？你会根据什么来归类不同的信息呢？那么，各种类别之间的逻辑关联应该是怎样的？

这些都是由 G·A·S 三要素来决定的，因此，在运用结构思维的时候，G·A·S 三要素是基本前提，离开了这个就失去了现实意义。

2. 其次是分类的三原则

如果说 G·A·S 是结构思维的前提，那么分类就是基础，或者说是基本功，就像篮球的运球、足球的颠球一样，所有的其他技术动作都是建立在扎实的基本功之上。

分类三个基本原则分别是：

（1）目的性原则：始终以达成目的为分类的第一原则。这个可以认为是 G·A·S 三要素中 G 的重申，重要的事情要反复强调，是刻意的重复。

（2）可推进原则：在现实工作和生活中，分类不仅仅是为了逻辑的正确，更是为了事情能更好地推进。这是分类的第二原则。

（3）MECE 原则：即 Mutually Exclusive（ME）and Collectively Exhaustive（CE）。这是麦肯锡提出的分类要保证完全穷尽和相互独立。对于这个原则，我有自己的看法，是否要穷尽和是否需要完全独立，这个是由你的 G·A·S 三要素来决定的。

这三个原则依序满足，先看是否满足目的，再看是否方便后期的推进和执行，最后看能不能满足 MECE 原则。

如果能满足第一和第二原则，第三原则不满足怎么办？

我的建议是，暂时放弃第三原则！看到这里，MECE 的拥趸可能会怼我，说我蔑视经典。

举个例子来说，在思考自己的职业方向时，有个框架，这个框架把一个人可能要做的事分成三个类别：我喜欢的、我擅长的和有市场需求的。

这个框架是由三圈理论模型演变过来的，三圈理论是美国哈佛大学肯尼迪政府学院的学者创立的战略分析工具，原本是从"价值""能力"和"支持"三个要素来分析公共政策。后来经过一些调整，用于分析个人职业的定位。

这个框架显然不符合 MECE 中的相互独立，因为，这个分类就是为了找重叠部分！

事实上，只要稍微有点数学常识，就知道，存在子、交、并、补的概念，至于要不要重叠，甚至要不要穷尽，这都和你想要达到的目的有关。

五、实操建议

在实际操作中，根据参与者的能力情况调整难易度。

如果参与者逻辑思维能力较弱，可以将顺序翻转一下，先分类，再反推 G·A·S 三要素。可以按以下流程来操作。

1. 每组发一套含有几十张物品名称的卡片。

2. 请大家对这些卡片进行分类，每组必须给出五种不同的分类方式。

3. 每一种分类方式请大家解释，是为了在什么场景下达成什么目的，以及针对的群体是谁。

这样会容易些，先让大家天马行空的想象，整理出各种各样的分类方式，然后，再反推适用的G·A·S。

如果参与者逻辑思维能力较强，可以给出特定的G·A·S，要求在特定的G·A·S三要素前提下，对物品进行分类。以下建议是可以参考的。

1. 酒店保洁人员在客户退房后以最快的速度检查房间，并报给前台。

2. 规划公司年会需要购买的物料和奖品，希望没有遗漏。

3. 采购年会需要的物料和奖品，希望责任到人。

4. 让普通员工明白财务报销审核要求。

如果参与者对G·A·S三要素和分类三原则都有一定的掌握，那么可以直接进阶到工作场景。

比如为了找出工作中低效率的关键原因，并改善，可以召集团队成员做个研讨。事前把工作中低效率的各种现象分别整理在卡片纸上，大约为15~30种，可以具体些，比如"会去点击电脑弹窗新闻""搜索PPT配图找不到合适的图""被领导新分配的工作打断""客户需求一直变化"等等。

然后，大家对这些现象进行归类，并讨论每种大的类别下的解决方法。

作者简介

易炜

易炜先生是企业管理硕士专业出身，从事人力资源管理和咨询培训工作多年，先后服务过数家行业顶尖公司。

专注研究结构化思维及应用十余年，每年阅读和研究思维类专业著作二十多本。

他擅长结构化思考，视觉化呈现和逻辑化表达，尤其擅长将复杂学术理论通俗化、实用化，个人核心课程结构思维被誉为业内集理论深度和实用性于一体的大成者，深受学员好评。

出方案谋一致

张家骅

一、胶片（PPT）显示样张

游戏说明如图2-4所示。

> **游戏：出方案谋一致**
>
> 现在100个财富单位（万元、亿元、兆等），由红队和蓝队协商分配方案。
> 1. 由红队提出分配方案，蓝队附议（即同意与否决）。若蓝队否决，则进行再一次分配协商；
> 2. 此次财富单位减至90个单位。由蓝队提出分配方案，红队附议（即同意或否决）。若红队否决，则财富将消失。

图2-4 游戏"出方案谋一致"

二、游戏基本信息

1. 游戏名称："出方案谋一致"
2. 预计时长：30分钟（4~6组时）至45分钟（大于8组时）

3. 建议人数：无限制

三、游戏前期准备

1. 场地要求：无特殊要求，与通常的培训教室或会议室场地相仿
2. 物料准备：一块白纸板或白板、三张 A1 白板纸、一套白板笔（红黑蓝各一支）

四、游戏执行流程

1. 将全体学员分成呈双数的组，即 2、4、6、8 个组等，每组 3~4 人，分别命名为红 1 蓝 1、红 2 蓝 2、红 3 蓝 3、红 4 蓝 4 等，注意尽量把各对手组的地域位置分隔开，使其在物理空间中不能轻易进行交流。

2. 显示胶片（PPT）内容，向全体学员介绍活动方法（以下为建议话术）。

（1）以红 1 和蓝 1 组举例，其他各组是同样的。

（2）现在天上掉下一块大馅饼，一大笔钱，是多大的一笔钱呢？1 后面有无数个零！为了方便记忆，我们就假设它是 100 个财富，财富单位可以是万元、百万、千万、亿万，大家可以尽情想象；货币也可以是美元、英镑、欧元、人民币等，当然你们觉得是越南盾也行。

（3）现在是见者有份，红 1 蓝 1 两组可以商议着怎么分了这笔钱。

（4）商议的规则是先由红 1 组的学员经组内讨论 1 分钟后出个分配方案给蓝 1 组，然后蓝 1 组的学员在 20 秒内决定做出附议，即接受还是拒绝？请特别注意，红蓝组之间不能进行讨论。

（5）若蓝 1 组接受，则游戏就结束了；若蓝 1 组表示拒绝，则进入下一轮。

（6）第二轮开始前，组织者先发话：为了惩罚两组在第一轮没成功，需

扣除10%的钱后再进行瓜分，即现在剩90个财富单位可进行分配了。

（7）第二轮的商议规则是蓝1组学员经组内讨论半分钟后出个分配方案给红1组，由红1组的学员15秒内决定做出附议，即接受还是拒绝？同样，红蓝组之间不能进行讨论。

（8）若红1接受，则游戏就结束了；若红1拒绝，则财富消失，本次游戏活动也结束了。

3.游戏开始前，再次询问学员对活动规则有无疑问？有，则回应解释；无，则要求所有的红组在1分钟内拿出分配方案，蓝组则考虑什么方案可接受或不可接受，并开始计时。

4.在学员讨论期间，请你迅速在白板（纸）画出表，如表2-2所示。

表2-2 分配方案

	第一轮	第二轮
红1/蓝1		
红2/蓝2		
红3/蓝3		
红4/蓝4		

5.1分钟时间到，则依次请红1、红2、红3和红4组大声说出其分配方案，你负责写在上图中，例如红1组55、蓝1组45，则写出55/45（与红1/蓝1对应起来）（如表2-3所示）。

表2-3 第一轮红组分配方案

	第一轮	第二轮
红1/蓝1	55/45	

续表

	第一轮	第二轮
红2/蓝2	54/46	
红3/蓝3	65/35	
红4/蓝4	60/40	

6. 全部记录完毕，再依次询问蓝组的附议结论，接受的则在方案边打对钩（ ），拒绝的则打叉（ ）（如表2-4所示）。

表2-4 询问蓝组附议结论

	第一轮	第二轮
红1/蓝1	55/45 √	
红2/蓝2	54/46 √	
红3/蓝3	65/35 ×	
红4/蓝4	60/40 ×	

7. 请达成一致协议的组给自己掌声以示分钱成功。

8. 再请第一轮没达成协议的小组准备进入第二轮。请相应的蓝组在90个财富单位的基础上30秒内经组内商议拿出分配方案，也请红组考虑什么方案可接受或不可接受，并开始计时。

9.30秒时间到，则依次请进入第二轮的蓝组大声说出其分配方案，你负责写在上图中（第二轮那栏），例如红组30、蓝组60，则写出30/60（与红1/蓝1对应起来）（如表2-5所示）。

表2-5 第二轮蓝组分配方案

	第一轮	第二轮
红1/蓝1	55/45 √	—

/51

续表

	第一轮	第二轮
红2/蓝2	54/46 √	—
红3/蓝3	65/35 ×	30/60
红4/蓝4	60/40 ×	35/55

10. 全部记录完毕，依次询问红组的附议结论，接受的则在方案边打对钩，拒绝的则打叉（如表2-6所示）。

表2-6 询问红组附议结论

	第一轮	第二轮
红1/蓝1	55/45 √	—
红2/蓝2	54/46 √	—
红3/蓝3	65/35 ×	30/60 ×
红4/蓝4	60/40 ×	35/55 √

11. 请最后达成一致协议的组给自己掌声以示分钱成功。

12. 若有最后没达成协议的组（比如例图中的红3/蓝3），则询问红3组，为何不接受蓝组的提议分配方案？（只要蓝组在第二轮所拿出的方案不是0/90，以下的解释话术可供你在该游戏中灵活使用）

（1）红组觉得钱分少了，是不是？

（2）多少是个比较的结果。

（3）比较分绝对值比较和相对值比较。

（4）绝对值比较是减法，在1后面无数个零的情景下，前面两位数是多少在一定个零之后就没啥区别了，所以就不存在多少的问题！

（5）相对值比较是除法，不再是数值之比较，而是人与人之间比较了。因此这时会出现多少的问题。

（6）我们在一起的初心是什么？分钱！现在分到钱了嘛？

（7）分到了，是因为我们不去做除法；没分到，就是因为我们进行了你我之间的比较，凭什么你比我拿得多？

（8）凭什么？在游戏中，蓝组拿得多是凭规则；实际工作生活中，拿得多的一方凭的是实力（例如谈判优势）！

（9）所以我们需要设法去提升自己的实力（或谈判优势）。

五、游戏关联知识

本游戏是博弈论的一个应用，与"囚徒困境""海盗分金条"等游戏相仿。

本游戏可解决至少三个实际工作困惑：

一是关于公平。

二是关于实力（或优势）。

三是如何提出对方不会拒绝的解决方案。

六、游戏实际执行案例

2020年7月的一个两天谈判课程，全部课程结束前的一个半小时开始此游戏，学员共有18位，正好分成六组，分别为红1蓝1、红2蓝2、红3蓝3，每组3人。

显示胶片、分组、介绍规则等用了5分钟，便开始游戏。

本以为会有小组进入第二轮，谁知第一轮出现了以下结果，如表2-7所示。

表 2-7　分配结果

	第一轮	第二轮
红 1/ 蓝 1	50/50　√	—
红 2/ 蓝 2	50/50　√	—
红 3/ 蓝 3	54/46　√	—

即第一轮就全部达成一致了。接下来我做了这几件事：

1. 请各小组谈谈他们的想法

红 1 和红 2 组均给出了 50/50 是个公平的分配方案，很巧合的是蓝 1 和蓝 2 组也是这么认为的，所以他们就这么愉快地达成了一致。

红 3 组则考虑到蓝 3 组拒绝后只剩 90 个财富单位了，公平起见的分配预案就是 45/45，而现在给蓝 3 组 46，就是在表现诚意了；巧不巧的是蓝 3 组似乎读懂了红 3 组的诚意，因此也就接受了这个分配方案。

2. 在白板纸上写下了几个问题，并请大家思考两分钟后自由回答，并做相应的点评

- 对半分是唯一的"公平"分配方案吗？
- 如何衡量分配方案的"公平"性？
- 如何做才能确保我们的提议为对方所接受？

两分钟后，我请大家各抒己见，并针对上述三个问题分别给予如下点评：

（1）对半分是唯一的"公平"分配方案吗？

现在假设蓝 3 组拒绝了红 3 组的 54/46 的方案，因为看到了前面两个组

50/50 的方案，觉得少了，那就开始进入第二轮。我代表蓝 3 组给出 1/89 的分配预案，请问红 3 组你们会接受吗？红 3 组回答肯定不接受。

这时我就重演了前面游戏步骤中的第 12 项内容进行介绍。

因此 1/89 是红组在第一轮出具的使蓝组无法说"不"的最佳分配方案。就蓝组来讲，第一轮只要红组的方案中给蓝组的钱少于 89，蓝组理应都拒绝，再给出 1/89 的方案，理智来看红组此时也只能接受，所以红组第一轮的方案就是 1/89。

（2）如何衡量分配方案的"公平"性？

所谓的"公平"不是通常人们以为的五五开或者均分，而是你所能接受的协议中相关的条款内容，也许是二八开或者是八二开；当你觉得条款不公平，你可以拒绝接受。

"公平"的条款内容背后所依据的是双方的实力对比（也可称为谈判优势），所以老练的谈判者会努力分析双方的谈判优势，并努力让对手感觉到己方具备了某些优势。请注意，这里的谈判优势并不等于真正已经具备的某种优势。

谈判中千万不要被情绪左右，时刻记住初心（双方是本着愿意达成协议的目的而在一起的），还要时刻引导好对手"勿忘初心"。

在给出一个可能会激怒对手的条款时，要想好如何安抚对手情绪以及引导对手回归初心，以避免谈判破裂。

因此没能给自己争取到 89 这一结果的蓝组要想想为何没发现自己的实力（谈判优势）。

（3）如何做才能确保我们的提议为对方所接受？

要想达成一个协议，所提出的方案应使对方没理由拒绝，那设计该方案时应先考虑对方要什么，再来考虑自己要什么（先人后己）；呈现方案内容时，应使对方清楚该方案是如何来满足对方需求的。

在沟通时，一旦遇到所提方案遭到对方的激烈反对时，请对照上一条，看看哪些方面没做好。

3.再请学员自由发言谈谈对这个游戏的思考

基本上能表述公平和谈判优势的概念，以及先考虑对方要什么，对提议方案的重要性有了全新的认识。

整个活动耗时约45分钟。

七、游戏实操建议

建议将本游戏作为培训课程结束前的最后一个互动活动，一般放在最后一小时内进行；本游戏适合的课程包括谈判类课程（主要针对蓝组角色）和沟通类课程（主要针对红组角色）。这个活动中你不要试图去使每个学员都能在课堂中深刻理解，最佳效果就是部分学员清楚了，还有部分学员没有明白。这样课后他们还能继续互帮互学，一起进步。

作者简介

张家骅

张家骅先生是一名拥有超过24年从业经历的资深培训讲师和咨询顾问。他的客户主要来自互联网电商、信息通信、工业制造、金融服务、医药医院、汽车物流、地产物业、快消与奢侈品等行业的跨国公司及大型国企民企。

张家骅先生坚信成人在具有强烈的自身意愿基础上，经过自我探索学习和反复实践训练,是一定能掌握那些有助于迅速提升其工作绩效的专项技能的,培训师或顾问的角色是促发和引导学员的自我思考力,纠正并推动学员坚持训练直至掌握相关技能并养成专业习惯。因此,他推崇并一直践行着强互动性的实例分析、分组分角色讨论、类沙盘式的实景演练等培训方式,再辅助课后若干周内的自我演练手册,以帮助学员自我训练,巩固所学技能。

灵魂的拷问

张敏

一、基本信息

1. 游戏名称：灵魂的拷问
2. 预计时长：10~20分钟
3. 建议人数：15~50人

二、前期准备

1. 场地要求：开阔的空间，学员可以走动，彼此交流

2. 物料准备：问题卡，银行卡大小，打印塑封，每张卡上写一个问题，可基于实际培训场景，设计多种不同类型的问题，以下例句仅供参考（如表2-8所示）。

表 2-8　问题卡

问题类型	举例内容
激发回答者 自我探究的问题	什么会激发出你最好的一面？ 有什么是你一直想做却多年未能着手进行的事？ 你会希望对哪些事能够更坚决地说"不"？ 爱情、刺激感、成功与知识——哪一个对你来说最重要？为什么？ 对你而言，完美的一天是怎样的？
通过事件深入了解 对方的问题	你是否有过将坏事转变成好事的经验？可以分享一下吗？ 你去旅行之前会详细规划还是说走就走，随遇而安？为什么？
欣赏式探询的问题	你做过的哪一件事突出了自己最好的一面？ 有一天你获得了社会/他人的嘉奖，你会认为是什么原因呢？ 你拥有的三个强项是什么？
假设性的问题	如果没有恐惧，你的生活会有怎样的不同？ 如果你明天起床时将能够获得一项新的能力或品格，你会想要什么？为什么？ 如果可以，你想和谁对换身份一个月？为什么？ 如果你必须丧失五种感官中的一种，你会放弃哪一种？为什么？

三、操作流程

1. 主要步骤

（1）起始时，每位学员获得四张问题卡，具体问题面朝下。活动开始后，在场中找其他学员配对，两人一组。

（2）两人配对后，若不认识先做自我介绍，再从对方手中盲抽一张问题卡，念题并给出相应的答案，建议互动时长在2~3分钟。

（3）若出现"不想""不方便"回答的问题，另抽一张，但请将未回答问题卡单独保留下来，不进入之后的问题卡互换流程。

（4）两人都回答完问题后，若在交流互动过程感觉遇到了知己，就请握个手，若感觉遇到的是心灵知己，不要吝啬您的感受，两人必须彼此拥抱一下。

（5）将从对方手中抽取的问题卡，放置到本人的卡堆中。举起右手以示空闲，寻找之前未接触过的伙伴重新组成新的讨论搭档。重复之前的互抽回答环节。

（6）培训师可以在经历3轮之后，总时长10分钟后，结束场上活动环节。

2. 关键环节

导师在开始时邀请一名学员作为演示搭档，进行示范。并提醒：

（1）回答的是从对方手里盲抽来的问题卡。

（2）答题者有"不展示"以及"不回答"抽到的问题的权利。

（3）先"盲抽"，再"读题"，最后"回答"。

三步完成后，问题卡是留在自己手里，同其他问题卡混在一起，去找新的伙伴进行灵魂的拷问。

四、关联知识

1. 创新课程关联

作为以色列创新的资深导师，且为 Power of Question 的认证讲师，笔者深知"你问的问题，决定你会是谁"。

以色列小朋友上学第一天时，老师会问他们一个问题："两个人从烟囱里掉了下去，一个人出来是干净的，一个人出来时脏的，谁会去洗澡呢？"若问到你，这题你会怎么回答？

笔者在线下培训听到过的有：

"干净的会去洗，因为他看到对方是脏的，也觉得自己不干净。"

"脏的会去洗，因为他看到自己身上脏了。"

"两个都会去洗。"

"两个都不会去洗。"

从统计象限的视角,两个维度四个答案都全了。

但如果是在以色列,老师会回应:"你们没有先提出,'为什么两个人掉到烟囱里,一个人出来是干净的,一个人出来是脏的',就开始回答这个问题了。这个不是你们来学校的目的,你们不是来回答问题的,你们是来提出问题,质疑现状的。"这是创新的第一步:"不认为现状的存在是合理的",了解现状,但要提出新的、不同可能性的问题。

2. 提问课程关联

利用卡牌上的问题导入,让学员觉察到"Ask Good Questions"的重要性,是 Questions 引导了人际对话和沟通的方向。为何我们得不到我们所要的答案,有可能是回答者所述不实,更有可能是提问者导向偏差,从而导致结果偏差。通过接触不同维度的多个问题,意识到不同维度视角的问题对自己思维的深度和广度拓展的重要性。

3. 关联学员工作场景

课程中常会有学员认为问题卡是彼此打破距离,产生话题进行沟通非常好的方式,并表示要把这个活动用于他们自己的部门沟通中,比如,有学员说,到公司后,先和同事互抽一张问题卡互问互答,或在茶水间放一套便于同事们深入交流。

4. 关联生活场景

在家庭沟通中,对话往往就是生活中常常提及的家常,似乎很难展开有意义的日常交流,用问题卡则是一种顺其自然开启一段"不知如何开场"的对话。比如,笔者向自己的外甥展示了问题卡,他来抽卡回答,期间自然而然提到了他在学校的一些经历，表达出对自己的怀疑和不自信，让笔者对他内心的想法有了更多的了解，从而知道如何与他沟通才能真正可以帮助到他；同时，有些卡片也让他关注到了自己的强项，和对未来的期许，增强了他的信心和动力，这段通过问题卡开展的对话是我们之间最有意义的对话之一。

此外，在朋友聚会的时候，除了大家聊一些近况，也可以用这个问题卡活跃气氛，大家可以更有方向性地从表面逐步走深走心。

五、执行案例

1. 现场调整

当现场没有足够的空间来让学员在全场走动时，则可以在本桌小组内部进行，比如在邻近的座位寻找搭档，或者小组里轮流回答同一个问题，其他人聆听。

2. 总结点评

学员回到自己的位置上，培训师提问："刚才活动，大家的感受如何？"常见的学员回答有："很快速地打开了和对方的沟通""有些问题自己从来没有思考过"。在创新课中，这些会回应到开篇的主题：提出不同角度和方向的问题，会引发我们带来新的思考，有些问题还会引导我们突破自己思维的边界。比如，有些假设性的问题对我们的现状做了减法，去掉我们天经地义认为存在的一些要素，打破了自己的思维定式。

而这个活动本身，是用了新的方法来做我们的工作，也就是我们对日常工作的创新，创新并不一定是有一个大的，改变公司战略或改变世界的大想法，创新更多的是以新的角度和方式对待日常，从而带来新的，可达成的价值。在提问题卡的环节中，一些问题会让大家更能打开自己，了解对方，也就是开拓了乔哈里窗中的开放之窗，扩大了彼此的共知区。培训中的学员不论是上下级，同级同部门，或同级不同部门，这种方式都可以快速建立链接，形成良好的场域，为大家之后的合作打下良好的基础。

六、实操建议

作为正式培训中的开场破冰，或者某个下午的开场充能，并联系课程相关主题。

作者简介

张敏（Mindy）

张敏（Mindy）女士曾任以色列系统创新咨询公司中国区培训研发总监，是以色列创新咨询公司在中国最早的双语创新导师（中英），在与以色列创新专家共事的几年中，汉化并实践了以色列系统创新方法论在金融、制造、医疗、快消、教育等不同行业的应用。

张敏女士擅长应用犹太人特有的、充分激发学员思考的培训方式，应用国际上已被验证有效的引导工具和模型、采用或为客户定制各类教具、并使用国内外的视频，结合独特务实的创新原则与方法，使学员高度参与主动学习，充分调动每个人的力量，通过实践增强团队的沟通合作及共创意识。

张敏女士研发并交付创新类、领导力类课程，设计并引导工作坊及会议，她跨国交付国际公司总部级事业部大型决策创新、战略工作坊等。

她也是DDI国际专业讲师资格认证讲师，DDI LEAF翻转课堂认证讲师。

蝴蝶效应

左颖伟（大左）

一、基本信息

1. 游戏名称：蝴蝶效应
2. 预计时长：40 分钟
3. 游戏目的：展示管理者的决策对基层带来的巨大影响
4. 场地要求：大约半个标准教室的空间

二、操作流程

1. 邀请 13 个学员起身来到游戏空地。

2. 其中一个学员站在中间，如图 2-5 所示，站在中间 I 位置的学员（以下简称 I），两手伸开。

3. 四个学员围站在 I 旁边 II 的位置，同样双手伸开；每两个学员各用一只手拉住 I 的一只手，I 两只手分别拉住 II 位置上的四个学员（以下简称 II），即 I 的一只手拉了两个学员，两只手共拉了四个学员。

4. 按照同样的规则，剩余八个学员，站在 III 的位置（以下简称 III），分别将手两两拉在Ⅱ外侧的手上（Ⅱ内侧的手拉在Ⅰ的手上）。

5. 如果需要，还可以再增加一层，8个Ⅲ外面分别再站16个学员。

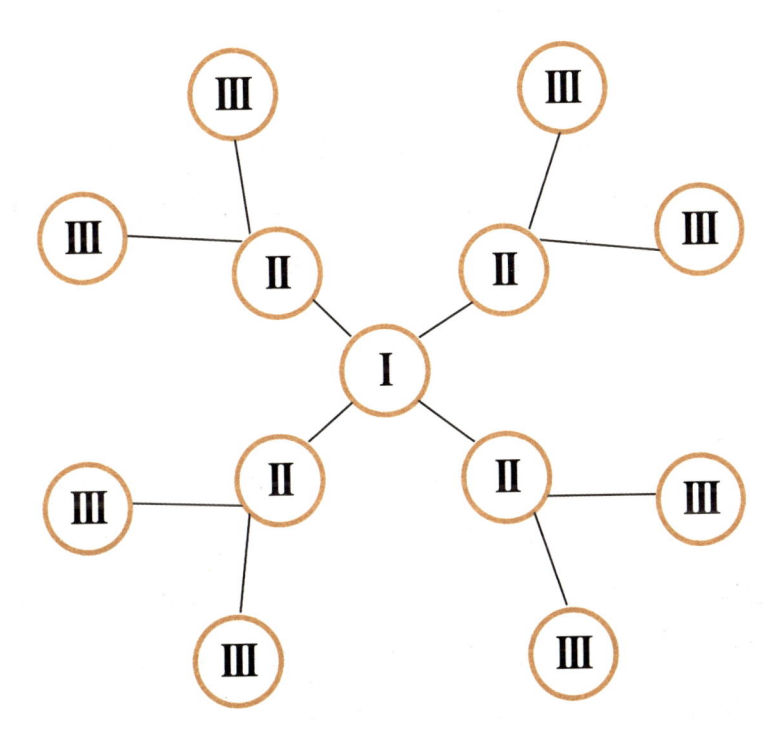

图 2-5 游戏"蝴蝶效应"

6. 等学员全部站好后，讲师宣布游戏规则：只有中间的Ⅰ，按照讲师的口令运动，当口令是"下"时，Ⅰ蹲下，当口令是"上"时，Ⅰ站起，同时Ⅰ的两只手也要随着身体"下"与"上"，Ⅰ的动作不得有延时；Ⅱ根据Ⅰ的动作来做动作，即当Ⅰ蹲下后，Ⅰ的手下沉时，Ⅱ随Ⅰ的手下蹲，当Ⅰ站起来时，Ⅰ的手随之抬起，Ⅱ随着Ⅰ的手抬起时站起来。Ⅰ和Ⅱ的手要始终连接，不可以分开；同理，Ⅲ要和Ⅱ的手始终连接，不可以松开，并且在Ⅱ的动作变动后随之而动。即Ⅰ带动Ⅱ，Ⅱ再带动Ⅲ。

7. 讲师开始不断喊"下""上"的口令，并且慢慢加快频率。可以看到学员们在口令声中此起彼伏。

三、意外状况

由于外圈的人要跟着内圈的人运动，当节奏变快时，外圈的人可能跟不上，会十分忙乱，有可能会摔倒，一定要注意安全。有时外圈的人可能会连滚带爬，十分狼狈。

四、理论来源

1963年气象学家洛伦兹提出蝴蝶效应：一只南美洲亚马孙河流域热带雨林中的蝴蝶，偶尔扇动了几下翅膀，可以在两周以后引起美国得克萨斯州的一场龙卷风。其原因在于：蝴蝶翅膀的运动，导致其身边的空气系统发生变化，并引起微弱气流的产生，而微弱气流的产生又会引起它四周空气或其他系统产生相应的变化，由此引起连锁反应，最终导致其他系统的极大变化。此效应说明，事物发展的结果，对初始条件具有极为敏感的依赖性，初始条件的极小偏差，将会引起结果的极大差异。"蝴蝶效应"在社会学界用来说明：一个微小的坏机制，如果不及时地加以引导和调节，会给社会带来非常大的危害，戏称为"龙卷风"或"风暴"；一个微小的好机制，只要正确引导，经过一段时间的努力，将会产生轰动效应，或称为"革命"。

对于系统进行更加深入的研究的美国最伟大的系统思考大师之一的德内拉·梅多斯，也是《第五项修炼》作者彼得·圣吉的老师，在《系统之美》这部书中谈到如下两点：

- 系统是动态的。动态系统常见的有调节回路和增强回路，增强回路的作用是不断放大、增强原有的发展态势，自我复制，像"滚雪球"一样，使系统按照指数曲线进行变化。与增强回路的力量相比，调节回路放缓增长的速度，可能是更有力的杠杆点，而且其结果比听任增强回路不受约束地运作更好。

- 同时系统存在时间上的延迟。延迟很可能导致系统的振荡，"好心办坏事""越采取干预措施，问题越恶化"的情况很常见。人们通常出于好意，试图借助一些政策或干预措施来修补系统出现的问题，但结果往往事与愿违，甚至将系统推向错误的方向。同时，你的动作越大，对系统的影响就越强烈。当我们试图改变一个系统时，系统的行为往往违背我们的直觉，出乎我们的意料。她还说道，当系统存在较长的时间延迟时，具有一定的预见性是必不可少的，如果缺乏预见性，等到一个问题已经很明显了才采取行动，将会错过解决问题的重要时机。

五、在组织中的应用

一个组织就是一个动态运行的系统，我们要建立系统思考的理念，在组织的决策中我们要能够看到组织的动态性，不能静态地一成不变地看待问题，而应该洞察事物之间的因果关系链，用动态的思维方式看到事物的发展及其变化。

同时，要认识到在系统中，行动和结果之间的延迟无处不在。尤其在复杂系统中，我们常常在当下看不到所做决策的效果，但是在日后的某个时间，却会产生巨大的反馈。工作中常常会有今天的问题其实是来自昨天的解决方案这样的情况。

因为决策与各个层级执行存在时间延迟性。任何个人的行为都可能在组织中产生一连串的反应。尤其是决策者，管理者的职位越高，所引发的连锁反应越大，牵一发而动全身，这种效应可能带来的是指数级别的变化和振荡，会让员工无所适从。因此高层决策变化越频繁，基层的振荡越强烈。管理者级别越高，决策越是需要谨慎。认识到延时的存在，让我们能够更智慧地做出决策。

这让我们想起老子的"无为而治"，健康的组织本身就是一个有层次、自组织且有适应力的动态系统，高层管理者的作用只是赋能和纠偏，一个系统的赋能通常只需要很少的能量，例如一个骑着自行车的人，和运动中的自行车就成了一个系统，而管理者需要做的仅仅是给予这个系统一个启动的能量，系统自身所蕴含的巨大能量，会在动态中保持平衡、运转以及进化。管理者需要做的是跟随系统的节奏，以小博大，用杠杆的原理，巧妙地撬动组织的发展和壮大。

六、在个人工作生活中的应用

在生活或在职场中，你的行为可能会给你周围的场域带来意想不到的巨大改变，因此才有"勿以恶小而为之，勿以善小而不为"，"防微杜渐"等古人之告诫。

同时，你的行为不一定在当时给予你一个结果，可能是几个月、几年、几十年，甚至你的下一代才能看到效果。你对同事日积月累的友善，你对他人无私的帮助，你给予子女严格的要求和孜孜不倦的教育，都会在日后产生巨大的影响。事实上这个世界就是普遍联系的，人与人之间更是互相联系，互相影响的。明白了这个道理，就应该提高对自己的要求，严以律己，谨慎行事。在工作和生活中，以时间换未来，你今天的所为就是为你的明天播撒种子，做好当下，才能成就未来。

10 秒大比拼

朱颖磊

一、基本信息

1. 游戏名称：10 秒大比拼

2. 预计时长：游戏 5 分钟 + 点评 10~20 分钟

3. 建议人数：至少 6 人（分两组），总人数无上限

4. 准备工作：这个游戏对于场地和物料的要求很低，唯一需要的是一个精确到秒的计时器（可用手机自带的秒表或定时器）

二、操作流程

1. 将参与者平均分为若干组。每组最佳人数为 4~6 人。最低不少于 3 人，最多不要超过 8 人。全体参与者都需要站立起来，同组的站在一起。

2. 主持人请大家猜一下，10 秒钟内自己最多能鼓几下掌？参与者可以自由发言回答。

3. 主持人计时 10 秒，每位参与者自己计数，全体一起鼓掌 10 秒。

4. 主持人请大家报一下刚才的鼓掌数量，参与者可以自由发言回答。主

持人进行第一次点评。

5. 主持人宣布第二轮鼓掌竞赛的规则。

（1）每组有 2 分钟的练习时间。

（2）练习结束后小组开始竞赛，同样是全体鼓掌 10 秒。

（3）每组鼓掌次数最少的成员的成绩作为小组成绩，评选出优胜小组（次数多者获胜）。

6. 主持人计时 2 分钟，参与者在小组内开始练习鼓掌。

7. 全体参与者进行第二轮的小组竞赛（10 秒）。

8. 主持人请每个小组统计成绩。

9. 主持人请大家坐下，每个小组报成绩，评选优胜小组并颁奖。

10. 主持人第二次点评，与参与者一起回顾这次游戏带来的思考和收获。

三、操作要点及注意事项

1. 第一轮的鼓掌是让大家对于 10 秒钟能鼓掌多少下有个基本概念，通常会和最初猜的数字相差甚远。因此在这个环节里要突出前后的反差，具体来说就是以下三个方面。

（1）猜的时候要提醒大家动脑不动手。大家报出猜测的数字时，主持人要大声重复这些数字，让全体参与者听到。尤其是那些偏高和偏低的数字：比如 10、20，或者 80、100 等。

（2）第一轮鼓掌前，主持人要提醒大家：不要去凑自己猜的数，而是要尽可能鼓得快一些。

（3）第一轮鼓掌后报成绩时，主持人同样要大声重复一下（通常都在 40~60 下）。而且要特别关注两类参与者：一类是猜测成绩特别高的，另一类是猜测成绩特别低的。让参与者感受到这种反差。例如主持人可以说："刚才说只能鼓 10 下的那位在哪里？你刚才鼓了几下？"

2. 由于第二轮计算成绩的方式比较特别，主持人要举个例子让参与者理解规则，并且在确认大家都没有问题后再开始两分钟练习时间。

3. 在第二轮鼓掌练习的 2 分钟里，无论各个小组在干什么，主持人都不要去干预。但是要仔细观察和记录各小组的表现和行为，作为第二轮点评的素材储备。

4. 由于第二轮鼓掌是比赛，并且要评奖，为了保持公平主持人可以提出以下两条建议。

（1）在宣布规则时提醒大家要诚信，不要虚报数字。

（2）每个小组把成绩写在便利贴上，交给主持人以后统一宣布。

四、关键话术

开场："大家好，现在我们做一个游戏，叫'10秒大比拼'。我想请大家现在估计一下，但是不要尝试哦：你觉得自己在10秒钟里最多能鼓几下掌？现在想象一下，给我一个数字。"

宣布第一轮规则："刚才我们听到了大家的估计。那么这个数字到底准不准呢？实践是检验真理的唯一标准，我们试一试就知道了。现在我来计时，大家自己计数。注意，你要尽量鼓得多一些，而不是去凑你刚才猜的那个数。大家准备好，预备……开始！（10秒后）时间到！"

第一轮点评："大家有没有发现，实际鼓掌的数字和当时猜的还是有蛮大出入的。这说明想象和行动之间常常会有很大距离。有时我们会高估自己，有时会低估自己。因此，无论我们有怎样的预判和计划，最终还是得靠行动来实践和验证。"

宣布第二轮规则："刚才第一轮只是热个身，让大家知道10秒钟大概可以鼓多少下掌。下面第二轮我们要进入小组竞赛环节了。待会儿我们要再一次全体鼓掌10秒，看看哪个小组成绩最好。但是这个成绩怎么算呢？既不是看最高的那一位，也不是看平均数。而是把每个小组鼓得最少的人的成绩作为小组成绩。也就是说，你们要让小组的下限尽量拉高。"

"举个例子，假设第一组最慢的伙伴鼓了40下。而第二组最慢的伙伴鼓了42下，那么第二组就胜出了。对于比赛规则，大家都清楚了吗？好，那么为了让大家准备得更充分，成绩也更好。我给每个小组2分钟的练习时间。2分钟练习结束后，我们就要正式进行10秒钟鼓掌比赛了。好，2分钟练习时间现在开始（计时开始）。"

宣布第二轮开始："现在请大家放松一下双手，我们要进行正式的10秒鼓掌大比拼了。还是老规矩，我来计时，各位自己计数。我们相信现场每一位都是讲诚信的伙伴，是不会虚报数字的。大家准备好，预备……开始！（10秒后）时间到！"

五、点评与反思

这个团队合作的游戏点评是基于"POA行动力"思维展开的。如果参与者之前不了解"POA行动力"思维的话，建议主持人先用三个问题来引发大家的思考。

三个关键问题：很明显这是一个关于团队合作的游戏。在团队合作中有三个关键要素：目标、伙伴、方法/行动。主持人可以把这三个词用板书或者PPT的方式呈现出来，然后问参与者三个问题：

问题一：作为游戏的参与者，你们的目标是什么？

这时，最常见的答案是："赢。"然而，所有竞赛类游戏的目标基本上是为了赢，这个目标过于笼统。主持人可以引导参与者思考："在这个游戏中，什么才是赢？"

有人会说："尽可能鼓得多"或者"鼓得越多越好"。这时，主持人可以问："真的是这样吗？"很快就会有参与者意识到根据规则，真正的目标是"让最慢的人鼓得尽可能多"。

这个问题可以引出很多关于目标的思考，如图 2-6 所示。

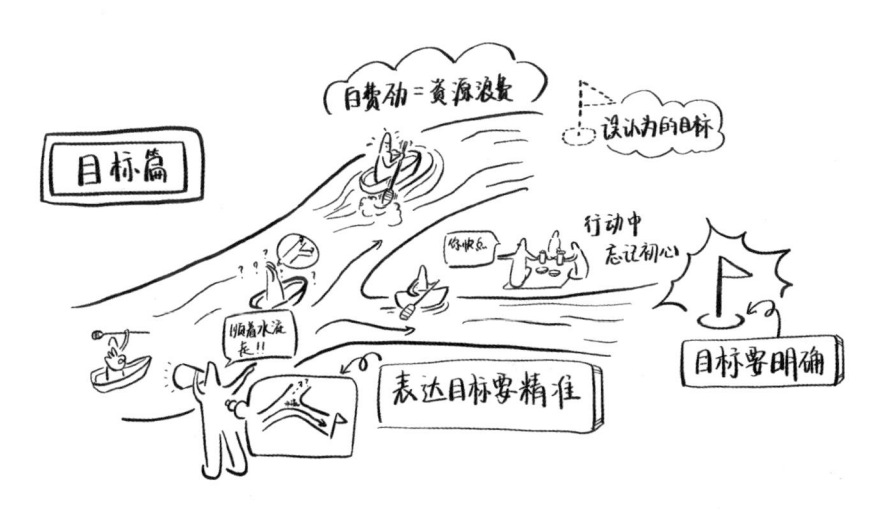

图 2-6　思维板书目标篇

（1）明确目标的重要性。如果把目标错认为是"鼓得越多越好"，已经鼓得很快的参与者会继续努力提升速度，这其实是资源的浪费和错配。他们更应该花时间去教比较慢的组员。方向错了，越努力就越失败。

（2）行动中会忘记初心。比如有的小组在练习之初确实在互相分享鼓掌更快的经验，但是后来就变成了几个鼓得快的组员交流得嗨了，把比较慢的组员晾在了一边。

（注：如果主持人观察到各组在练习的时候有以上两点表现，可以在点

评中作为例证增加说服力）

（3）表达目标要精准。其实大部分参与者对于这个游戏的目标是清楚的，但是在回答这个问题时却出现"心口不一"的情况。如果在工作中（尤其是多人合作的项目）表达目标不够精准甚至错误的话，那么，一定会影响到后续的沟通协作效率。

问题二：在这个游戏中，谁是你的伙伴？

几乎所有参与者都会回答："小组成员。"这时，主持人需要抛出一个进阶的拷问："凭什么你觉得小组成员是你的伙伴？"这个问题的背后是看大家对于"伙伴"的理解。

这时，参与者往往会有种"这难道还用解释"的感觉。在主持人的一再追问下，会出现很多不同的回答，建议主持人用提问来继续引发参与者的深度思考，例如：

（1）"因为我们是一个小组的。"主持人可以反问："难道一个小组的就一定是伙伴吗？那么，在工作中一个公司一个团队一个办公室的同事，就一定都是伙伴吗？"

（2）"因为我们应该要成为伙伴。"主持人可以指出："不管应不应该，关键是你觉得你们到底是不是伙伴呢？"

（3）"因为我们有共同的目标。"这个回答说明参与者已经开始把伙伴和目标联系在一起了。主持人可以反问："你怎么知道你们有共同的目标？"或者"你们共同的目标是什么？"

（4）"因为我们都想赢。"主持人可以追问："你怎么知道他们都想赢？"

（5）"因为您设定了游戏规则，给了我们一个共同的目标。"主持人可以反问："如果在工作中领导给团队一个共同的业绩目标，是不是意味着所有团队成员就自动成为伙伴了？"

主持人要不断追问"凭什么你觉得小组成员是你的伙伴"这个问题很多遍。这会把参与者认为正确的那些答案都"逼"出来，同时也让大家更深刻地理解"伙伴"这个概念。

首先，伙伴是对目标有共鸣的人。被分在一个团队，或者领导制定一个共同目标并不会让团队成员自动成为伙伴。反之，不在一个团队里的人，只要对目标有共鸣也可以是伙伴（比如供应商、客户，乃至家人、朋友等）（如图 2-7 所示）。

图 2-7　思维板书伙伴篇

其次，对目标的共鸣不能只看怎么说，更要看怎么做。为了让参与者对这一点理解更深，主持人可以和某位参与者做个简单的小互动，问 TA："你对这个游戏的目标有共鸣吗？"通常参与者会回答"有"。主持人可以转而问大家："TA 这么说是不是意味着 TA 一定就是伙伴呢？"这时，大家就会明白答案是否定的。

最后，主持人可以继续问大家："假设某位小组成员在游戏中有怎样的行为，TA 就很可能不是伙伴呢？"参与者通常都会提到不积极参与、干自己的事情、甚至唱反调等行为。这时，主持人可以引导大家思考这些明显的行为信号是不是在工作中也经常会看到。

如果这时有参与者把"TA 鼓得特别慢"也当成不是伙伴的特征，主持人可以借此机会引导大家区分"能力"和"意愿"。有意愿没能力的依然是伙伴，而有能力没意愿的却不是。

问题三：刚才大家都找到了哪些方法来达成目标？

对目标真正有共鸣的伙伴是会集思广益、一起想办法来达成目标的（如图 2-8 所示）。这也正是 2 分钟练习时间里小组该做的事情。主持人可以鼓励各个小组来分享好方法，最好是演示给大家。常见的方法有：缩小手掌之间的距离、一个手固定不动、改良计数的方法（从一数到十）等等。

图 2-8　思维板书方法篇

在参与者分享时，主持人不需要对这些方法的效果做任何评价，而要引导大家关注这样一个事实：刚才这个游戏其实就是大家因为共同的目标成为伙伴，一起找到更好的方法去实现目标的过程。不管小组是否获胜，这都是一次成功的团队合作。

六、POA 行动力思维

在引导大家讨论完以上三个问题之后，主持人可以把"POA 行动力"思维介绍给所有参与者。对之前的思考做一个总结和升华。

POA 行动力是一个公式（如图 2-9 所示）：

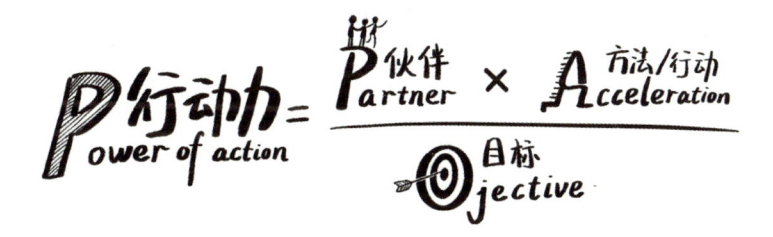

$$P_{\text{ower of action}}\,行动力 = \frac{P_{\text{artner}}\,伙伴 \times A_{\text{cceleration}}\,方法/行动}{O_{\text{bjective}}\,目标}$$

图 2-9　POA 行动力公式

等式右边的乘除法表达的是正反比关系。例如目标在分母，因此目标要越小越好。也就是说目标要唯一和聚焦。这个公式的含义是：如果要想让做一件事的行动力更强，那么我们需要有：

· 更多的伙伴（P）；
· 更聚焦的目标（O）；
· 更有效的方法（A）。

POA 并不仅仅只是一个公式，而是一个循环。一旦把这三个元素之间联动起来，就能产生互相促进的飞轮效应（如图 2-10 所示）。这个循环我们可以用以下三句话来总结：

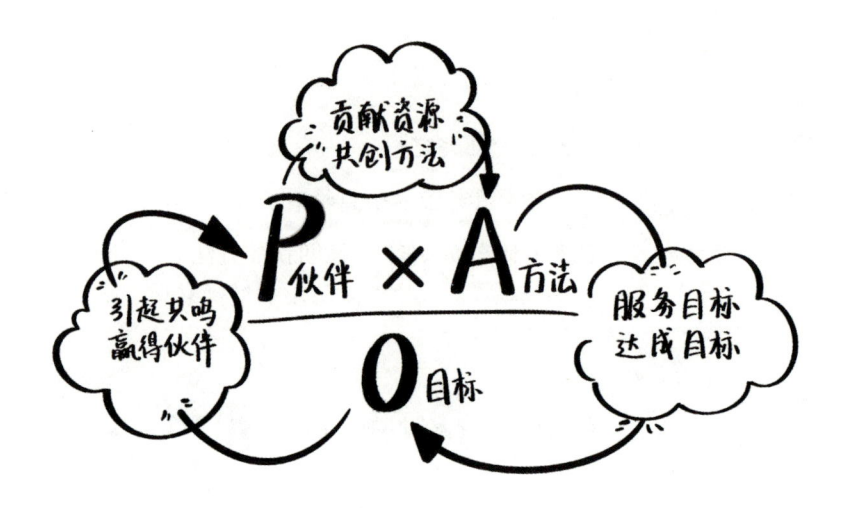

图 2-10　POA 行动力循环

- 目标（O）引起共鸣，赢得伙伴（P）；
- 伙伴（P）贡献资源，共创方法（A）；
- 方法（A）服务目标，达成目标（O）。

当 POA 行动力从公式变成循环时，它就成为一种思维方式，可以用来指导我们的工作和生活。这个鼓掌的游戏就是很好的一个实践案例：

- 明确这个游戏的目标，对目标有共鸣的组员就成为伙伴；
- 伙伴主动贡献自己的经验和想法，共创更好的鼓掌方法；
- 大家运用练习中找到的方法，提升鼓掌速度，达成目标。

显然，POA 思维非常贴合新生代员工的需要。新生代员工需要有自己的目标感和意义感，他们往往对于上级分配的任务或者制定的规则缺乏共鸣。POA 思维强调对目标的共鸣，强调要把团队成员变成真正的伙伴。这正是新生代员工经常在工作中缺失却又特别渴望的东西。

管理者常常抱怨新生代员工在工作中责任心不够，缺乏积极性。却没有看到员工有这种表现，根源在于对于工作目标缺乏共鸣。而一旦管理者把新生代员工变成伙伴以后，他们会主动贡献自己的资源（包括时间、精力、经验等），积极地行动，寻找更好地完成工作甚至创新的方法。

在企业管理中，POA 思维最大的价值就是"达成目标共识"和"促进团队合作"。无论在战略、战术，还是执行层面都能帮助企业迅速提升行动力，达成目标。

七、点评的延展与变形

如果时间允许的话，主持人可以请参与者做更多开放式的讨论，继续深化这个游戏带来的思考。例如：

1. 请参与者分享在这个游戏中的观察和感悟。相信其中有很多都可以和 POA 思维的精神联系起来。

2. 请参与者分享一些工作中合作的案例。然后全体一起用 POA 思维分析这些案例，探讨问题的症结和解决方案。

在做点评时，也可以把顺序调整一下。先介绍 POA 行动力思维，然后用三个问题帮助学员用这个游戏的体验来深入理解 POA 这三个元素之间的联动关系。

八、意外状况处理

在游戏过程中，有时会有一些意料之外的情况发生。不过只要主持人深入理解 POA 思维的精神，就能找到应对方法。而且往往这些意外情况处理得好的话，会让参与者有更多的感悟和收获。以下举一些例子来说明：

状况 1：不想赢

有时小组的某些成员，甚至整个小组都没有积极地练习，或者在讨论目标的时候会说"我们的目标不是赢，而是……"。无论参与者有怎样的表现，设定怎样的目标都没有问题。主持人只需要把这些真实的状况纳入 POA 循环中来分析就可以了。比如：

- 当 TA 有这些表现时，TA 是不是伙伴？
- 你们小组之所以这么做，背后的目标是什么？
- 既然你们的目标不是赢，那么你们在练习和第二轮鼓掌时是怎么做的呢？

这些引导式的问题都是基于 POA 思维来提出的，其目的就是让参与者看到目标、伙伴、行动三者之间的动态关系。主持人无须做对错的价值判断，而是要让参与者更深刻地理解 POA 循环的价值。当参与者认可了 POA 思维，就能更好地运用这种思维方式更好地行动与合作。

状况 2：有人责怪小组成员不给力

主持人要通过提问了解不给力的具体行为表现，来区分是能力问题还是意愿问题。如果是能力问题的话，如之前所述，主持人需要指出该成员依然是伙伴。大家应该帮助 TA 提升能力，争取更好的小组成绩。

如果是意愿有问题的话，主持人可以询问该成员为什么这么做，也就是挖掘 TA 的目标（O）。一般来说有两种可能性：

（1）该成员和小组的目标不同；

（2）该成员和小组目标一致，但是不认同游戏过程中的一些做法。

无论是哪一种状况，主持人都不要做对错的价值判断。而是要引导大家用 POA 思维去理解和分析这个问题。对第一种情况来说，需要先统一目标。在第二种情况下，要让参与者看到双方的分歧只存在于 A（方法/行动）层面。既然目标（O）是一致的，那么大家依然是伙伴（P），可以一起探讨和共创更好的做法（A）。

状况 3：获胜小组的成绩太高以至于其他小组的不信服

如果争议比较大，并且大部分小组表示不相信，可以安排获胜小组重新鼓掌 10 秒钟。并请其他小组一对一做裁判来数鼓掌次数。但是主持人不应依赖这种方法处理争议。因为裁判也会出现数数的误差，甚至会有跟不上鼓掌速度的情况。

解决争议最好的解决办法还是运用 POA 思维。主持人可以问全体参与者：跳出游戏本身，我们今天花时间来做这个活动的目标是什么？这是一个很有力的问题，可以让参与者意识到其实输赢并不是最终的目标，因此不必过于纠结名次。

主持人还可以把这个讨论延展出去，让大家想一想工作中是不是也会有这样的情况：当进入细节的争论时，会忘记更大的目标。这会导致工作中的动作变形，甚至让原本的伙伴关系变成了对立关系。这样的思考会让参与者的收获更大。

九、适用场合

这个游戏的重点不在于鼓掌本身，而在于对于活动的点评和反思。因此，最适合用于团队或合作相关主题的培训中，配合课程内容来做这个游戏。也可以作为任何培训的开场热身或午后充能活动。

可以用在团队建设中，或者在团队聚餐时作为娱乐活动。

由于这个游戏因为是参与者自己数数，全凭自觉，所以不可能做到绝对公平。因此，不适合在竞争性特别强，参与者对名次特别在意的场合做这个游戏，避免引起不必要的争议。

十、游戏玩法变形

除了以上的推荐玩法以外，主持人可以根据特定的需求来对这个游戏做出调整。用 POA 思维的话来说就是：根据不同的 O 来调整 A。以下根据不同的目标（O）来举一些变形的例子：

目标 1：鼓励各个小组更认真地练习和比赛

变形玩法：

1.设定每个小组必须达到的最低数量线（例如 50 个）。这样的话即便是自认获胜机会不大的小组，也需要为达到最低数量线而努力。这个数字不宜定得太高，以免让参与者失去信心。主持人可以根据第一轮大家报的数字为基准，定一个略高于中位数的标准。

2.增设更多名次，并给予积分或者奖品鼓励。例如可以评选前三名，甚至全部小组都有排名，每个名次都有对应的奖励。

目标 2：让参与者互相认识

变形玩法：如果参与者在做这个活动时并不熟悉，可以在练习时间加入一个互相认识的环节：小组内部每人先做个简短的自我介绍（主持人可以根据现场的情况设定 2~3 项自我介绍的内容），并且告诉大家自己第一轮鼓了几下掌。全部都介绍完之后再开始练习。主持人可以把练习的时间相应地增加 1~2 分钟（可根据每组人数调整增加时间）。

作者简介

朱颖磊

朱颖磊先生是一名拥有超过 10 年从业经验的资深培训师。曾任世界五百强企业高管，并且有多年的海外工作经验。

朱颖磊先生作为"POA 行动力"的联合发起人，一直致力于 POA 思维的研究和推广。他相信"大道至简"无论在个人成长还是企业管理中都是颠扑不破的真理。在纷繁复杂的技巧与工具之下，掌握更底层的思维方式是高效学习的关键。

因此，朱颖磊先生基于 POA 行动力这个底层思维框架，主持开发了涉及问题分析与解决、团队合作、目标管理、战略落地等多个管理领域的 POA 系列品牌课程。希望更多的企业和个人从"POA 行动力"这个原创的思维方式中受益。

培训游戏：穿越 A4 纸

陈一影

一、基本信息

1. 游戏名称：A4 纸穿人
2. 预计时长：15~30 分钟
3. 建议人数：没有特别限制，一般为 10~60 人
4. 适用主题：创新思维、突破、思维转换、团队合作、问题解决等

二、前期准备

1. 场地要求：室内，分组，最好每组有一张桌子
2. 物料准备：
   （1）每位学员 1~2 张 A4 纸
   （2）安全剪刀、美工刀、胶带或美纹胶

三、操作流程

1. 主要步骤

（1）给每位学员发一张 A4 纸。

（2）讲师布置任务："如何可以让手里的这张 A4 纸同时穿过 1~10 人的身体？"

· 时间要求是 15 分钟。

· 任务限定：在完成任务过程中，可以使用安全剪刀、美工刀，但是不能使用胶带。A4 纸可以被剪开、撕开或划开。

（3）讲师可以示范一下错误的案例：将一张 A4 纸撕成一个长方形，再穿过自己的身体，但是被扯坏了。

（4）让学员各自思考和尝试一下。

（5）如果有成功完成任务的学员，就让该学员和大家分享一下他的方法（如果没有，就跳过这一步）。

（6）讲师讲述标准答案，并展示。

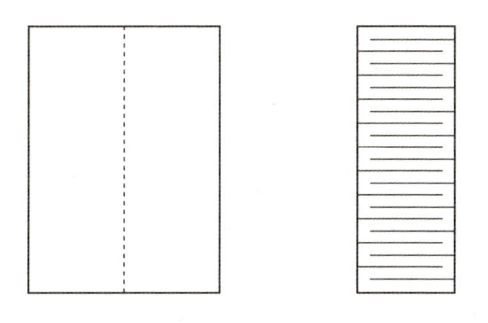

图 2-11　"穿越 A4 纸"的标准做法

（7）让学员分享各自的努力、思考和感受。

（8）讲师总结、提炼。

按照一般的想法，不论再瘦的人，想要直接穿过一张 A4 纸都是十分困难的。但是通过这个练习，我们打破了惯性思维，完成了任务。现在我们可以用几何学来帮助解答一下背后的原理。

我们用弯曲的剪法，扩大了纸张的周长，等到纸张对折的地方剪开之后，一张纸就能够变成一个闭合的大圆圈。只要纸张足够大，剪的宽度再细一点，甚至最多可以装下 50 人哦！

2. 关键环节——讲述和展示参考方法

参考方法如表 2-9 所示。

表 2-9 参考方法

步骤	图示
（1）将 A4 纸沿着长边对折。 （即长边保持不变，短边被对折了）	
（2）将对折后的 A4 纸横向对折，再对折，再次对折，即让半张 A4 纸的长边被等分成 8 份	
（3）沿着灰线剪开。 　　注意：没有灰线的地方不能被剪到 （4）沿着红线剪开。 　　注意：没有红线的地方不能被剪到	

续表

步骤	图示
（5）轻轻地将折叠过、剪开的 A4 纸打开，然后将中间部分剪开	
（6）最后一张 A4 纸就变成了一个圈圈，就可以从一个人的身上穿过了	

四、关联知识

1. 理论来源

"创新思维"——我们在创新和发明时常常需要打破已有的惯性思维。

- 人们常常习惯于用约定俗成的方式来思考问题，这就形成了惯性思维。
- 惯性思维作为一种意识形态，虽然能够继承一些传统精华，但也会阻碍创新，让人缺乏开拓意识，产生一种依赖过去的想法，墨守成规。
- 法国生物学家贝尔纳说过："妨碍学习的最大障碍，并不是未知的东西，而是已知的东西。"这些已经知道的东西就是我们思想的枷锁往往约束我们的头脑，禁锢着我们的想法。

2. 关联游戏

比如：有一道智力测验题，"用什么方法能使冰最快地变成水？"大多数情况，人往往回答要用加热、太阳晒的方法，答案却是"去掉两点水"。这就超出人们的想象了。

3. 关联实际（生活、工作中的应用）

五、执行案例

1. 意外状况

（1）时间不够。

（2）讲师现场展示错了。

（3）不小心将A4纸撕坏了。

2. 现场调整

（1）如果时间不够，可以让学员们自己尝试的时间稍微缩短。而且讲师可以提前准备好一个已经折叠好的A4纸成品（带有折痕的），现场只需要展示步骤即可。

（2）提前准备好两个成品（带有折痕的）。

（3）如果不小心将A4纸撕坏了，可以用美纹胶或胶带粘贴一下（所以需要提前准备胶带或美纹胶）。

3. 总结点评

遇到问题或难题时，很多人往往第一反应是"不可能！""做不到""这怎么行？"而正是这样的惯性思维，导致我们的创新很少。所以这个游戏告诉我们：勇敢去尝试。我们一定有方法可以解决目前的难题。

六、实操建议

1. 作为正式培训中的一个环节
- 可以作为创新思维、问题解决、团队合作等课程的一个环节。

2. 单独作为一个学习活动
- 可以只是作为一个游戏，让学员开心、放松。
- 可以作为破冰游戏、课间休息的游戏等。

作者简介

陈一影

陈一影女士是一名拥有超过20年从业经验的资深培训师与辅导教练。她的客户主要来自互联网、制造业、汽车、地产、银行、保险、快消品等行业的跨国公司、大型国企和民企。

陈一影老师相信成人学习的主要目的是对工作有用，所以在教学中坚持实用有效、生动活泼，灵活开放的原则，特别擅长案例剖析，广泛运用视频、游戏和音乐的互动式授课方式。

陈一影老师已经认证了多门国际版权课程。

chapter 3

第三章

打造敏锐的洞察力

猜猜我在想什么

邢侃

一、基本信息

  1. 游戏名称：猜猜我在想什么
  2. 预计时长：操作时长约在 20~40 分钟
  3. 建议人数：人数不限

二、前期准备

  场地要求：室内，场地内有座位

第三章 打造敏锐的洞察力

物料准备：前期准备好以下三张卡片，每张数量为总人数÷3（如图3-1所示）。

▶ 角色 A

任务一

请用质疑的眼神看着对方，内心非常想对对方所说的内容做出评价，并且很想做出指导。你尝试找出对方的错误，或者你不认同的部分。你时刻想要打断对方。

虽然你不说话，但你内心会对他说的每句话做出评价。

（可以闭上眼睛先想一下，最近某次你特别想对别人的观点进行评价时的状态）

▶ 角色 B

任务二

对方现在找你不方便。事实上，你现在很焦急地正去赶飞机。但出于礼貌，你不会终止这场对话。你无须做出过于明显的肢体语言，比如抖脚、站起来或者抬腕看表。你只要表现出内心的焦急即可。

（可以闭上眼睛先想一下，你真的焦急赶飞机的状态）

▶ 角色 C

任务三

请用一个欣赏与好奇的眼光看着对方，就像欣赏一件艺术品一样，很好奇这个艺术品是如何被创作出来的？

可以看他的眉毛的线条、头发的颜色、脸上的线条、肤色等等。

注意他说话的声音的旋律、音质、音调、音量，努力倾听他的内容。

（可以尝试让自己回忆起某一个你欣赏风景、艺术品的状态）

图3-1 角色A、角色B和C任务卡片

三、操作流程

· 主要步骤

1. 将参与者以三人一组分成若干练习小组，并确认每组中 A、B、C 三个角色。

2. 公布任务

（1）告诉参与者一共有三个轮次，每一轮都有人讲故事，有人听故事，有人做观察者。

（2）讲故事者每次都需要分享一段最近发生在自己身上的有趣经历，分享时间至少两分钟。

（3）听故事者为本次领任务者，需要完成自己所领任务。所领任务需要对其他人保密。

（4）观察者需观察游戏过程中讲故事的人和听故事的人的状态变化并做相应记录。

（5）每轮结束后，先由观察者分享对双方状态变化的解读；再讲故事者分享自己在这段沟通过程中自己的心态变化，并尝试猜测听故事者领到的任务；最后由听故事者展示任务条。

3. 当参与者理解这些步骤后，将任务一卡片发给角色 A。

4. 每轮结束后，培训师都可以就自己观察到的，以及基于学员的表述进行适当引导。

在进行此游戏时，可以展现以下内容，给予参与者提示，如图 3-2 所示。

第三章
打造敏锐的洞察力

猜猜我在想什么	每轮任务
	讲故事者：分享最近发生的一段有趣经历；
	领任务者：完成所示任务，注意保密；
三人一组　角色A　角色B　角色C	观察者：观察双方过程中的状态。
·第一轮　C讲故事　A领任务　B观察	
·第二轮　A讲故事　B领任务　C观察	每轮结束后分享
·第三轮　B讲故事　C领任务　A观察	观察者：分享你对过程中双方状态的解读；
	讲故事者：分享你在讲故事过程中的心态变化；
	领任务者：出示你的任务。

图 3-2　分组任务

· 注意事项

1. 在布置任务时，培训师要强调听故事的人在听故事的过程中是不可以发出任何声音的，同时务必理解任务书中的指示，他们对任务的正确理解和演绎是游戏是否能够达到预期目的的重要因素。

2. 如果参与人数除不尽3，可以让助教参与游戏或者去掉观察者的角色。

3. 培训师在游戏过程中进行巡场和记录，在每一轮结束后都可以做适当引导，并邀请感触最深的同学进行发言。

四、关联知识

· 理论来源

笔者第一次接触此游戏是在NLP的培训现场，用来演练感观测量以及对微表情的捕捉。NLP认为非语言信息能够透露更多信息，因此通过感观测量能识别他人的内在状态，提高察言观色的能力。

·关联知识

除非是在专业的 NLP 学习中，需要更深入地去体验和讲解感观测量、入映系统以及次感元等 NLP 专业知识。

通常在操作这个游戏过程中，培训师可以将知识点分享放在情绪觉察和倾听两个部分。

通过这个游戏，让参与者深刻理解微表情对于沟通双方的影响。美国心理学家艾伯特·梅拉比安认为决定沟通效果 7% 靠内容，38% 靠语音语调，55% 靠肢体语言。而微表情就是肢体语言的一种。

很多影视剧，例如 Lie to me、《读心神探》等叙述的都是心理学家根据当事者的微表情和行为，揭示其心理活动，从而有助于破案的故事。

在上述游戏的任务一中，当我们内心想对对方进行评价时，即使不说话，但用肢体语言表现出诸如斜着头、皱眉、欲言又止等举动时，表述者往往会感觉压力好大、质疑自己是不是哪里说错了，从一开始眉飞色舞的表述到之后声音语调降低、语速放慢，有些表述者会直接表示压力很大，说不下去了。

在任务二中，当我们内心想尽快结束这场对话时，会表现出频繁点头、注意力涣散，眼神不聚焦等微表情，虽然我们没有直接表述自己很急，但表述者依然能感受到听者对其内容不感兴趣，最后自己也觉得索然无味，让这个有趣故事草草收场。

在游戏中，如果听者能正确演绎出这些状态，观察者便能清晰地观察到表述者讲故事过程中的状态变化。

回到现实中，管理者往往学习过很多的管理知识，在一些沟通场合，知道应尊重对方，能做到不打断对方发言。但因为对自己微表情控制不当，虽无言语，还是给了表述者很大的压力，让沟通陷入僵局或最后引发冲突，未能达到良好效果。

所以怎么样的肢体语言才能让沟通更有效，更顺畅呢？

我们看任务三，这是让听者用欣赏和倾听的姿态去听故事，虽无言语，但通过倾听状态鼓舞了表述者，让其更有表述的动力。

善用肢体语言沟通技巧，有一个 SOFTEN 的公式。

Smile：微笑表达友好，给人以温暖亲切的感觉。

Open：开放的身体姿态，让人感觉自己很受欢迎。

Forward：身体微微前倾，表达出对表述者讲述内容的兴趣。

Touch：必要时的身体接触，比如握手、拍肩膀，都是善意的肢体语言。

Eye：目光交流，表现着关切。

Nod：偶尔向对方点头，表示对表述者所讲内容的赞许，同时也说明你在认真倾听。

在沟通中，除了应注意自己在表达时的措辞和语音语调外，我们如果能在倾听对方表达时善用自己的微表情与肢体语言，那定能为自己在对方心目中的形象加分，从而促进沟通效果。

五、实操建议

可用在沟通类主题的培训活动中，让学员理解肢体语言（微表情）对沟通效果的影响，同时让学员理解和掌握倾听的姿态技巧。

猜变化

徐德伟

一、基本信息

1. 游戏名称：猜变化
2. 预计时长：15 分钟
3. 建议人数：不限

二、前期准备

1. 场地要求：空旷场地最好，现场若有桌椅，则可利用教室前后、过道空当也可
2. 物料准备：无要求

三、操作流程

1. 主要步骤（如图 3-3 所示）

（1）请全体成员起立，迅速找到一个搭档，可建议男女搭配。

第三章
打造敏锐的洞察力

图 3-3 游戏"猜变化"

（2）两个人面对面站立，如果是陌生人，可以先做简单的自我介绍，如果是熟人就握手问好。

（3）分配 A、B 角，比如按照头发长短、眼睛大小、衣服颜色深浅等。

（4）公布游戏要求："猜变化"，即让 A、B 双方先仔细观察对方，注意细节，然后由 B 转身背对 A，让 A 在自己身上做出五个变化。A 做好后，请 B 转过身来寻找出这五个变化。这一轮结束后，请 A 转过身背对 B，B 在自己身上做出五处变化后请 A 转过身来寻找。

（5）每轮寻找变化结束后，可询问参与者是否找到了五个变化？没找到的都是哪些变化？选择其中有意思的答案分享。

（6）前两轮寻找结束后，可以询问参与者："如果再来一轮游戏，谁有信心再变出五个新的变化让对方找？"通常此时举手的人非常少，可示意游戏结束，请大家握手感谢搭档然后回到座位。

2. 关键环节

（1）找搭档时，如果现场人数是单数，请最后落单的人担任观察员。需要告诉观察员，接下来在游戏进行中他需要留意观察现场发生的任何有意思的行为、语言、现象，游戏结束的时候来和大家分享。

（2）每轮游戏进行时，需要提醒身体做变化的人完成时间尽量保持一致，有人会犹豫很久不知道做什么变化，有人很快做完而他的搭档也很快地找出变化，这时游戏组织者可询问他们是否找到全部的变化？如果都找到的话夸他"很棒"，如果没找到的话是什么变化？难找在哪里？然后让他们观察周围其他还在游戏中的伙伴。

（3）两轮寻找结束之后，当询问"还有谁有信心做第三轮"后，如果出现超过 1/3 的人愿意做，那就再做一轮，相反就可以结束游戏。

3. 参考话术

（1）游戏开始：接下来我邀请大家做一个简单的游戏，请所有人起立，迅速找到你们小组外其他组的任意一个搭档，最好为男女生搭档。

（2）接下来，请大家和自己的搭档面对面站好，彼此握手问好（陌生人的话大家快速自我介绍认识彼此），我们要选出 A、B 角，头发长的做 A 角，头发短的做 B 角（其他也可以按照眼睛大小、衣服颜色深浅等来分 A、B 角）。

（3）请双方仔细观察对方，从头到脚的细节，然后请 B 转身背对 A，请 A 在自己身上做出五个变化。做好后，请 B 转过身来寻找，看看 B 是否可以找出这五处变化。

（4）第一轮寻找结束后，询问：有谁把五个变化都找到的请举手（你们都很厉害啊）？没找到的朋友，现在你们"报仇"的机会来了，接下来请 A 转身背对 B，请 B 在自己身上做出五个变化，做好后请 A 转过身寻找，看看他们是否可以找到。

（5）第二轮寻找结束：这一轮找到五个变化的请举手？你们也很棒！接下来，谁还有信心可以继续做出五个变化来请对方找的请举手？就这么几个人吗？（假设现场举手很少），那现在请和你的搭档握手表示感谢，然后回到自己的座位。

四、关联知识

1. 理论来源

美籍德国心理学家 F·海德于 20 世纪 20 年代首先提出归因思想，后来成为社会心理学热门的研究领域。简单来讲人们行为的原因包括内部原因和外部原因两种。内部原因是指个体自身所具有的、导致其行为表现的品质和特征，包括个体的人格、情绪、心境、动机、欲求、能力、努力等。外部原因是指个体自身以外的、导致其行为表现的条件和影响，包括环境条件、情境特征、他人的影响等。日常生活情景中普遍存在一种特殊的归因偏差，即人们倾向于对自己的行为进行外归因，而对别人的行为进行内归因，并被称为基本的归因谬误。我国的王阳明很早提出"知行合一"，意思是要想过得更好，要达到更高的人格和事业目标，不是向外求，要向内求，一切的根源都是自己。

2. 关联游戏

思考问题：你怎么理解变化？你会根据别人的行为去调整自己对变化的理解和行为吗？你希望别人看到变化还是看不到变化？原因是什么？是什么限制了你改变的思维？对你来讲最难改变的是什么？

游戏中最容易看到我们在改变衣服、头发、首饰、眼镜……当这些外部的物品或者形态改变几次之后，我们就认为没什么可变的了。其实，我们还可以改变的有很多：呼吸方式、心跳节奏、思想情绪、认知感受……内在的变化更丰富、更多样，当然外部观察也许很难发现，但不代表我们就不能改变。当我们的思维模式和格局改变了，我们会看到更多的可能性。

3. 关联实际（生活中的应用，工作中的应用）

我们在生活、工作中通常比较容易关注到外部的变化，忽视内部的改变；很多人也容易受到周围环境和他人言语行为的影响而改变自己。往往我们想改变外部的人、事、物达成自己的目标时，却发现影响甚小而且无能为力。印度的圣雄甘地说过"欲变世界，先变其身"，我们只有先改变自己，让自己变好、变强大，我们才能去影响和"改变"我们周围的世界。

我们现在处在各种技术高速发展的时代，当我们的管理者面对市场变化、组织结构变化、管理方式变化时，尤其是管理者面对新生代员工管理挑战时，一心想着如何"改变他们"：改变他们的责任心，改变他们的职业态度，改变他们的穿着打扮、职业行为，甚至改变他们的价值观……往往这种强行改变带来新生代员工更大的抵触、抗拒，出现了一言不合就辞职、"佛系"青年、当面怼领导等职场怪现象。

如果我们的管理者不能很好地向内认清自己、反思自己，进而愿意改变自己，只是通过听课、改变各种管理手段等外部措施，并不能从根本上解决新生代员工管理问题。我们需要真正从人性化管理的角度去反思自己的心态和行为，改变管理者的认知和意识是很重要的一步。

五、执行案例

客户是一家国际知名的医疗公司，他们的销售经理在管理新生代员工时遇到一些挑战，在培训需求调研阶段了解到这些销售经理之前已经陆续接受了部分专业的培训，包括管理、领导力、性格分析、沟通技巧等。在设计课程的时候，将"猜变化"这个游戏设计在课程第一天上午，一方面考虑结合课程内容谈到管理方式需要变化时，让学员能够参与互动体验，另一方面考虑他们原先学习了很多外在的技巧、工具和方法，如何触动他们从自己的内在进行改变，这个游戏会是一个比较好的切入点。

在实际执行过程中，有些经理一听这个游戏就说"我以前玩过"，我建议他们"今天你们换了新的搭档，看看是否有不同的化学反应？"游戏过程中的观察员（落单的一名学员）也很敏锐地发现了一些现场有意思的现象，比如女学员更擅长在一些小的细节上做变化，临近小组的人会互相参考学习如何改变等。

游戏后的问题引导和讨论非常热烈，有些学员引用一些哲学观点、心理学理论阐述他们对内在改变的认识，也有人分享自己的心得，大家的共识是改变需要从自己开始，从自己内在的认知、理念和心态开始进行改变，这也是每个人面临更难的挑战。

结合课程后面介绍的新生代员工管理工具和方法，学员的接受度很高，并会结合工作实际分享自己的理解和应用。该游戏很好地达成了原先设计的目的和效果。

六、实操建议

该游戏不限于新生代员工管理、变革管理、创新等主题，作为正式培训中的一个环节，可以作为开场热身活动，可以作为中场串联心态转变和行为转变的工具，也可以安排在下午某一时间段调动大家的能量。

单独作为一个学习活动时，后续的问题和讨论可以更深入，邀请大家对自己触动最大的部分进行个人分享。

作者简介

徐德伟（David Xu）

原汇丰银行人力资源副总裁，为汇丰中国 300 人核心人才团队和 1200 名带人经理设计领导力发展项目。为安盛中国、万宝盛华等 500 强企业以教练技术渗入中高管发展和员工激励项目。曾辅导工商银行、中国银行、万科地产、礼来制药、美团点评、得物、中广核、上汽通用、Gucci、NIKE 等众多中外名企，授课超过 10000 人次。17 年世界 500 强企业组织及人才发展管理经验，超过 6 年专职顾问及讲师经验。客户评价他的辅导是"最容易被业务部门听懂学会的员工激励语言"。

"相亲相抢"

张敏

一、基本信息

1. 游戏名称："相亲相抢"
2. 预计时长：10~15 分钟
3. 建议人数：15~40 人

二、前期准备

1. 场地要求：开阔的场地，可以容下与场上人数相同的椅子摆成 1~2 个圆圈。

2. 物料准备：15~20 人带着椅子，摆成一个圈，若 30~40 人，则人带着椅子摆成两个圈，每圈的椅子数目比人数少 1 个。

三、操作流程

1. 主要步骤

（1）每圈留一人站在圈中间，其他人坐在椅子上，站在圈中的人根据自己身上的一个显性特征，比如穿黑色鞋子，说出："和我一样，穿黑色鞋子的，请起立抢椅子。"此时，大家开始活动，圈中站的人也加入抢椅子，若抢到，则他坐到椅子上，而没有抢到椅子的人，则站在圈中间，由他来说出一个新的、他身上有的显性特征，开始新一轮的抢椅子。

（2）三轮过后，导师上场，表示规则改变，这一次站在圈中间的人，不能再说场上看得到的显性特征，也是需要说出隐性特征，比如家里有两个小孩，他要说的是："和我一样，家里有两个小孩的，请起立抢椅子。"同上一轮一样，他也加入抢椅子，而未抢到椅子的人站到圈中间，说出新的隐性特征。

（3）三轮之后，如果时间允许，可以进行第三个规则，站在圈中间的人，要说的是他的喜好，比如喜欢宅在家里，喜欢吃辣等，2~3轮后则可结束活动。

2. 关键环节

在第一轮抢椅子时，导师需说明规则、举例并做示范，也就是做第一个圈中人带大家抢椅子，之后，导师离开内圈，并拿走一个椅子，在圈外观察大家是否按照规则进行活动，是否需要进一步说明或调动氛围。当规则改变时，导师上场说明规则，举例即可，无须再带活动。

3. 参考话术

"在座的都玩过抢椅子，是吗？我们今天要做的活动，是'相亲相抢'，也就是和你有亲近关系的这个人抢椅子。怎么来判断是不是相亲呢？来，听规则。等下站在圈中间的朋友，你要找出自己的一个显性特征，比如，穿黑色裤子，然后对大家说：'和我一样，穿黑色裤子的，请起立抢椅子！'这时，场上所有穿黑色裤子的朋友，都要起立去抢椅子，要求：不能坐回你起立之前的椅子上。圈里的人呢，也要赶紧去抢一个椅子，不要光看热闹了。有什么问题，大家可以现在问我。好，如果没有问题的话，现在开始了！"

一轮过后，培训师坐到一个椅子上，会有一位学员未抢到椅子，培训师则带着自己抢到的椅子，拿到圈外，由这位学员继续上述所说的话术，带领本圈抢椅子。

如果场上人数为20~40人，则分成两个圈，另一个圈在导师示范时只是观察，在导师出圈后，两个圈分别开始。有时一个圈更热闹些，也会激发另一个圈想一些有趣的点，他们也会"偷听"到彼此所说的特征点，借鉴到自己的圈内。

四、关联知识

1. 理论来源

从显性的客观层，到隐性的客观层，再到主观层，是一个逐步深入的过程，和我们平时了解别人的过程非常相似，同时，这个活动也应用了创新工具"整合法"。整合法是盘点我们所做主题的组件，让它们发生新的组合，完成新的任务，打破原有组件的功能性思维定式。而"抢椅子"这个活动是培训课程里的一个组件，它与"找到和别人的共同点"形成组合，让抢椅子除了有让大家活动起来的作用，还多了倾听，链接，增强人际互动的新作用。

2. 关联游戏

找链接这个活动可以用很多形式展现出来，比如两人之间"找五个共同点"，如果想链接更深入有意义，可以要求他们找和场上其他人不一样的、属于他们两人之间的、独特的共同点，这样他们不会马上找到像"都喜欢吃"或者"旅游"这样大众化，表面的东西，而会相互提问各种问题，了解对方更多，发现彼此之间的同异，快速建立起两个人的链接。

五、执行案例

在几次活动中，学员会关注场上的人有什么特征，以便他能有机会让大家站起来，但忘记了这个特征他也必须要有，这点常常发生在第一轮，培训师需要在旁观察并提醒，之后如果学员再次犯这样的错误，其他学员则会提醒他。

在进行第二个规则"隐性特征"的时候，有时有学员说了一个特征，比如"昨晚熬夜到凌晨"，会遇到没有学员站起来的情况，这时有两种处理方式，一种是培训师号召学员"摸着自己的良心，是就是，是了就站"；另一种是让学员再想"虽然无法看到，但是无法否认的客观事实"，比如"开车来培训的"。通过这两种方式，场上站起来参与抢椅子的学员会更加积极。

六、实操建议

这个活动适合作为下午开场的充能活动。身体不动，脑子也不会动，这个活动会迅速打破午饭后昏昏欲睡的氛围，因为不仅使身体活跃起来，还会使大家集中注意力去想、去听这些点与自己是否有关，是否要站立，观察谁都是跃跃欲试，要赶快冲到自己瞄上的那个位置。常常会有学员提到一些有趣的调侃点，比如"和我一样，体重超过160斤的，请起立抢椅子"，有时也曝一下隐私："和我一样，存款不到100万元的，请起立抢椅子"，这些都会很好地带动现场的氛围，在大家意犹未尽的时候，转换规则，再转换规则，然后进入课程主题，大家还保持着兴奋状态，带着兴奋的大脑开启下午的培训。

职业表演

黄笑笑

一、基本信息

1. 游戏简介：用身体语言向对方表演卡牌上的职业，让对方猜
2. 预计时长：按人数来（平均每位 30 秒 ~ 1 分钟）
3. 建议人数：30 人以内

二、前期准备

1. 场地要求：一块空地，人均面积 1.5 平方米，大家可以围一个圈。
2. 物料准备：一套写了各种职业的卡牌，卡牌的材料建议可以用木质、塑料或厚纸板，形状可以是圆形或异型，提高趣味性。计时器 1 个，口哨 1 个。

三、游戏规则

1. 如图 3-4 所示，游戏过程中，表演的学员可以用语言说出该职业是几个字，其他信息只能用身体语言进行表达，若使用有声语言或文字语言，则

计犯规一次，同时由培训师随机更换一张卡牌给表演者，继续表演竞猜。

2.围圈的学员可根据表演进行个人竞猜，猜出来直接说出正确答案。

图 3-4 游戏"职业表演"

3. 当表演学员超过 1 分钟仍然没有猜出来，培训师吹哨，计失败一次，培训师此时可以给予提示或帮助，一直到竞猜学员们猜出来为止。

4. 最先猜出答案的竞猜学员，获得上台表演的机会，若有几位同时猜出，则由表演的学员随机指定一位。

5. 已表演过的学员猜出来可将名额让给其他还未上台的一名学员。

6. 每位上台的学员需要用击掌的方式与表演结束的学员进行交接。

7. 学员表演时培训师可根据学员实力情况规定是否可以借助道具或助演人。

8. 最后一位上台的学员、犯规者以及表演超过 1 分钟没有猜出来的学员，将在游戏结束后接受惩罚。

四、具体步骤

1. 培训师将写好职业的卡牌正面朝下随机散放在地上，卡片数量需要超过当前参加游戏的人数。

2. 请所有学员将卡牌围在中间，并围成一个大圈站好。

3. 培训师站在圈中，交代游戏规则。

4. 请学员们上前每人捡起一张职业卡牌，卡牌内容不可以被他人看见。多余的卡牌可由培训师收起。

5. 培训师第一个进行示范表演，并找出第一位竞猜正确的学员（或者也可以由培训师随机邀请一名学员第一个进行表演），培训师与第一位学员击掌之后将中心舞台交给其他学员。

6. 表演学员根据自己卡牌提示职业，用身体语言进行表演（培训师此时需要关注表演时间不超过 1 分钟，否则按"游戏规则 3"执行）。

7. 表演的职业被猜出来之后，表演学员与猜中的学员击掌互换位置。

8. 猜中的学员进行自己手中卡牌中要求的职业表演，由其他学员竞猜。

9. 直至最后一位学员表演结束，将表演场地交还培训师。

10. 培训师组织大家对刚才的游戏进行复盘，讨论游戏活动对于自己工作的启发和个人的反思。

11. 培训师进行简单总结。

五、话术参考

各位学员，接下来我们来玩一个游戏"职业表演"。

大家已经看到，在我们围成的这个圈的中央有很多卡片，现在，大家可以上前每个人拿一张回到自己的位置，注意不要让别人看到自己牌上的内容。

好的，现在大家都拿到了写有职业的卡牌。接下来，我将作为第一位表演者，只能使用身体语言来进行表演，各位同学需要认真观看，仔细揣摩，看看我表演的是哪一种职业。如果你有答案了，就大声地说出来。我判断第一位大声说出来答案又正确的学员，将邀请他作为第二位表演者。接下来，就依次进行。各位请注意，在表演的过程中，只能用身体语言来表达卡牌上写的职业，不得用有声语言和文字语言，否则计犯规一次，同时我会另外更换一张表演卡牌。如果表演1分钟台下观众还没有猜出来，我会吹哨并给予一些帮助，但算失败一次。表演者需要表演到被猜出来为止。猜出答案之后，猜出者将与表演者击掌并交换位置。若有多位猜出者，由表演者指定下一位表演者。若猜出者已表演过，则由猜出者指定下一位表演者。直到所有学员全部表演结束。

其间失败者、犯规者及最后一位表演者将在游戏的最后接受相应的惩罚。

大家准备好了吗？

六、复盘参考

1. 沟通中双向交流很重要，语言信息是沟通中很重要的一部分，非语言信息也可以进行信息交流，它们相辅相成。

2. 沟通的目的，是让对方理解，而并非表达本身。所以，在表达的时候，需要换位思考，站在更有利于对方理解的角度进行表达，才能促进对方理解和传递信息。

3. 当一种表达方式对方无法理解，有时候可以换一种方式。

4. 倾听的人，不仅是听到信息，还要理解信息，想更好地理解，需要换位思考，站在表达者的角度思考。

5. 现代的社会也需要积极的表达，才能让别人发现你的能力（同时几位在说，声音大的可能最先被听到）。

6. 谁会被让名额？离得近的，或者关系好的优先。所以，有时候更好的人际关系会帮助你获得成功的机会。我们除了硬实力，有时候人际关系和人脉圈也不要忽视。

7. 你作为表演者的时候的感受，和在作为观察者解读的时候的感受，是一样，还是不一样？真正站在他人的角度，理解他人的感受和立场，这才是换位思考。

读者可以集思广益，发现更多的复盘点。

七、关联知识

这个游戏常用在人际与沟通的课程中，在"换位思考"和"表达的技巧"中用得较多。

沟通是一个双向的过程。但我们常常在沟通的过程中，会沉浸在"我说什么"，而并非关心对方会"如何接收信息"。

信息交流的过程，是信息的发送者，根据自己的经验将需要表达的信息进行编辑，然后运用相应的渠道和方式进行信息传递，而信息的接收者，在收到信息之后，也往往会根据自己的经验和理解对信息进行相应的解读。双方的经验不同、背景不同、理解力不同，往往会导致双方在沟通的时候信息会产生偏差，沟通导致误解（如图3-5所示）。

这个游戏，第一，要提醒大家关注的就是我们在沟通时，需要关注对方接收信息的方式。换位思考，用对方能够理解的方式进行表达，更容易让信息顺利传递，促进沟通。

第二，在信息交流的过程中，除了语言信息，还有非语言信息，我们也不要忽略。但如果仅语言信息或仅非语言信息，信息传递的难度都会增加。

第三，在这个游戏的过程中，我们也会看到人际关系对沟通的影响。人们都喜欢跟与自己亲近的人交流，所以，在现实的工作和生活中，也不要忘记经营好自己的社交圈。

第四，沟通不仅仅只有一种方式，有时候我们用一种方式达不成目标时，不妨停下来思考，是不是可以换一种方式。不管如何，"条条大路通罗马"，达到目标也不只一种方法。

影响沟通的因素有很多，未来在沟通的过程中，不要只关注有声语言的内容，也要关注其他的众多信息，以及人际关系和情绪、环境等对沟通的影响。

第三章
打造敏锐的洞察力

图 3-5　游戏"沟通原理"

八、实操提醒

这个游戏在操作的过程中,可能会遇到有些学员放不开的情况,培训师应尽量营造良好的氛围,同时不要过度干预。如果碰到这类情况,规则的执行力度上,培训师也可以斟酌操作,以降低难度,提高学员的参与度。

作者简介

黄笑笑

黄笑笑女士拥有23年企业管理实战经验,其中13年培训与咨询辅导经验,擅长运用案例复盘、行动引导、情境演练等技术工具,帮助学员自主学习,更好地将所学内容应用在实践中。根据企业实际情况设计案例和知识点,量身定做顾问式培训项目。

黄女士的客户主要来自汽车、金融、地产、IT互联网、快速消费品、制造业等不同领域的外资企业和大中型国企。

黄笑笑女士多年致力研究心理学在培训中的应用,专注于情商发展、人际能力的提升及相关的教学技术,是专业培训师辅导团导师之一,目前在其培养下并通过认证评审的培训师超过万名。

两真一假

沈亦周

一、基本信息

1. 游戏简介

经典热身游戏，可以在 10~15 分钟内快速让学员打开自己，通过交流快速拉近学员距离，加深相互了解。不论对于陌生的学员，还是相熟的学员，该游戏都具备良好的热场破冰效果。

也可以用此游戏代替传统的自我介绍环节，变成全员一起交流的游戏。

2. 预计时长

10~15 分钟

3. 建议人数

不限，可多可少，一般不少于 6 人即可。

二、前期准备

1. 场地要求

无

2. 物料准备

- 笔、纸
- 如果希望玩得更有仪式感，那可以给每个学员发方卡片
- 卡片尺寸为：6寸到32开之间

三、操作流程（如图3-6所示）

1. 介绍游戏规则（1~2分钟）

- 每个人写下三句话描述自己。
- 可以是关于自己的特点、标签、经历、成就等。
- 三句话中，两句是真的，一句是假的。
- 写完后学员之间交流，猜测对方的三句话中哪一句是假的。

2. 呈现"两真一假"的案例（1分钟）

- 培训师需要呈现一个完整的"两真一假"案例。
- 通常建议培训师用自己的"两真一假"来做案例。

比如：

我是一个投资达人，过去五年我自己投资的平均年化回报率是25%。

我和太太是在一次徒步旅行中认识的。

我是一个资深影迷，我看过的电影超过2500部。

第三章 打造敏锐的洞察力

图 3-6 游戏"两真一假"

3. 学员们思考和撰写自己的"两真一假"（3分钟）

· 通常会留给学员 2~3 分钟来思考和撰写"两真一假"。

· 培训师可以自由巡逻和指导，看到学员写得太过简单笼统，可以加以引导。

4. 学员们两两之间相互交流各自的"两真一假"（5~10分钟）

· 写完后，学员可以先在小组内交流。

· 可以两两交流；也可以小组内轮流介绍自己，其他人一起猜。

· 小组内交流完，如果学员气氛比较热烈，时间也充裕，则可以鼓励学员全体起立，与其他小组的学员交流，大家一起猜猜猜。

5. 游戏结束（2分钟）

· 告知游戏结束，让学员们回到各自座位。

· 培训师可以邀请学员分享交流中印象深刻的"两真一假"，比如特别难猜的、特别容易被误导、特别"凡尔赛"的、特别诚实的等等。

· 游戏结束，全体学员能量满满，也有了深入了解。

四、参考话术

· 今天我们会采用一种特别的方式来介绍自己。

· 每个人用三句话来描述自己，我们可以写关于自己的特点、标签、经历，或者不为人知的有趣真相。

· 这三句话中，两句是真的，一句是假的。

· 写完后我们可以来相互猜一猜，哪一句是假的。

· 大家先来看一个案例……哈哈，这是我的两真一假。

五、实操建议

案例导向：

· 作为一个热场游戏，培训师在一开始呈现的案例会起到很好的引导作用。

· 通常建议在案例中描述以下相关话题：

◎ 与情感、婚姻相关；

◎ 与财富相关；

◎ 与个人不为人知的经历相关；

◎ 与个人隐秘的小趣味、小众爱好相关。

· 人类天性具有八卦与窥探他人隐私的倾向，通过主动暴露一些可以公开的隐私，能迅速满足他人好奇心，也能拉近学员之间的距离。

1. 学员之间陌生状态的建议

对于陌生的学员，我们更希望大家有充分的机会能相互了解，因此建议在小组内交流时，采用轮流单个分享的方式。即一个人分享，其他人一起猜哪一句是假的。猜的过程中大家的相互交流会进一步加深了解。

2. 学员之间熟悉的建议

对于已经熟悉的学员，建议可以大家直接两两交流，可以打破小组，直接在整个教室里随机两两配对开展交流，并给大家设置一个小任务，比如完成至少与五个人的交流。随者交流深入，学员们会越玩越嗨，气氛热烈。

3. 对于传统自我介绍环节的启发

这个游戏对于培训课程以外的很多活动也有参考价值。

比如在一些需要讨论的会议中，或者沙龙，以及共创型的工作坊中，如果参与者来自不同背景，为了让大家快速相互熟悉，主持人一般会让大家轮流做自我介绍。传统的1分钟自我介绍缺乏吸引人的元素，如果采用"两真一假"的方式来做自我介绍，就能在相互认识的环节同时激发出参与者的好奇心，能够迅速烘托气氛，拉近距离，让大家相互之间了解更加充分。

chapter 4

第四章

掌握沟通与表达技巧

我说你猜

易炜

一、基本信息（如图4-1所示）

1. 游戏名称：我说你猜

2. 预计时长：15~30分钟

3. 建议人数：参与人数没有特别限制和要求，至少2个人，最多100人

4. 游戏目的：活跃气氛，意识到认知差异，体会沟通中的目标意识和换位思考

5. 物料准备

准备什么物料，可以从两方面来考虑，一是正常的培训现场；二是小型的团队活动，比如聚餐或聚会上的一个节目。

如果是正常培训现场，在物料和场地上有些要求。

（1）事先准备好一套PPT，每页PPT上用大号字体写一个词，你也可以为这个词配张图。

（2）根据参与活动的人数来确定要准备多少个词，一般建议一对参与者准备20个词。

（3）当然，准备多少个词，和你设置的难度有关，所谓的难度既包括你

的游戏规则，也包括词本身是否容易理解。

（4）准备一把椅子，供猜词的参与者背对屏幕坐着。

（5）投影幕布对面的墙壁不能有镜子或其他可以看到投影幕布上文字的玻璃墙，如果有，提前用大白纸或其他遮盖物覆盖。

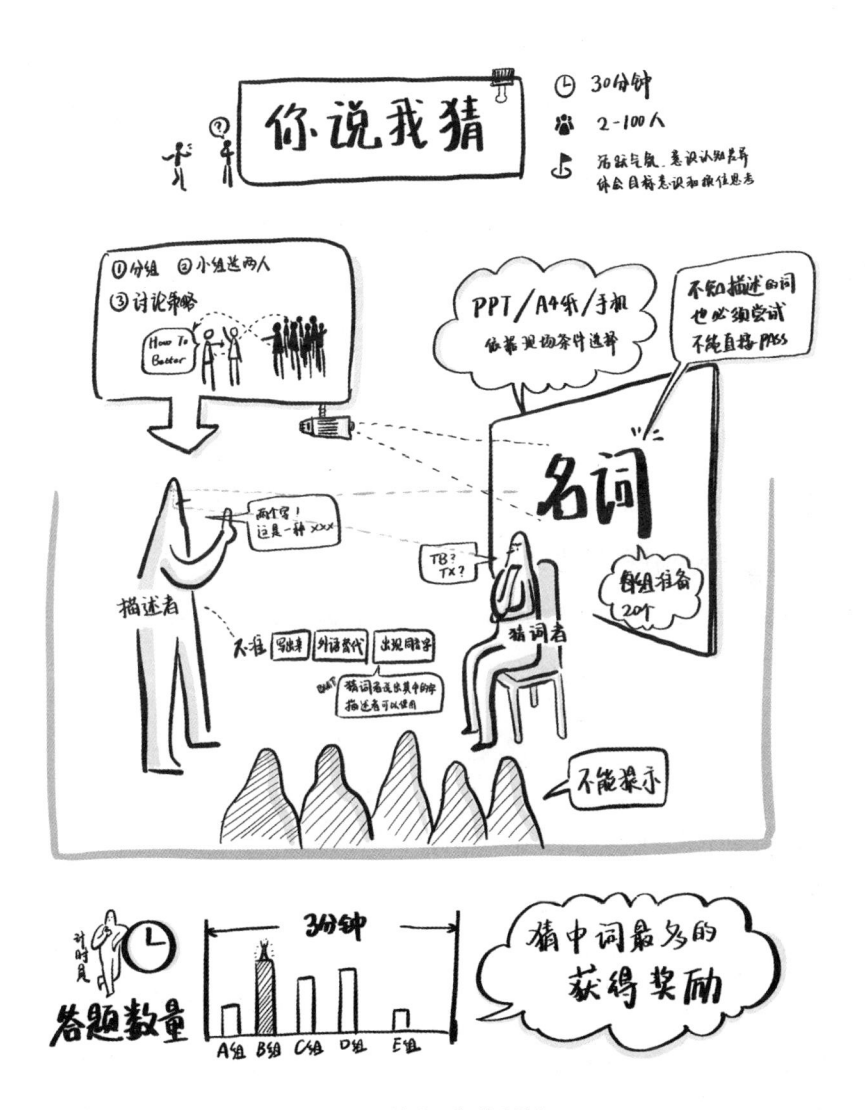

图 4-1 游戏"你说我猜"

上面是正常培训场合下，通常需要做这样的准备，如果是 10 人左右的团队聚餐或聚会等活动，这个游戏可以作为一个即兴节目，物料准备相对比较简单，甚至可以临时抓取一些现场物料来进行。

如果条件允许，可以准备一些大点的卡片纸（如 A5 大小）和白板笔，然后把词写在卡片纸上即可。

如果是聚会时临时兴起，想做这个游戏，可以利用手机或平板来写词。

当然，要是你连写字都觉得破坏氛围，那还可以把大家的随身物品拿出来作为猜测的对象，也就是直接用实体的物品，代替手写的词汇。好处是随手可取，弊端是资源有限，猜测范围也比较集中，难度较低，主要以活跃气氛和相互熟悉为主，而对于沟通中的目标意识及换位思考体会可能不深。

二、操作流程

我说你猜的游戏简单点说，就是两组参与者，一组负责描述看到的词汇，另一组负责根据同伴的描述，猜出是什么词，看谁猜中的多。这个游戏可以有很多调整和变化，稍微调整规则，难度和有趣度会大不一样。

我们先看一下培训中的标准流程。

第一步：说明游戏的目的

可以将游戏的目的，写在 PPT 上，投影出来。这样的好处是避免口头表达时不够精确。

以下话术可以作为参考："这个游戏考察两个点，一是目标意识，也就是完成这个游戏的任务要求到底是什么？二是换位思考，在描述信息的时候，我们是站在自己的角度描述，还是尝试着站在对方能理解的角度来描述？"

也可以把这个游戏结束后需要讨论的问题列出来，以下几个问题可以作为参考。

1. 这个游戏中哪个环节、哪个人、哪个动作、语言等让你印象深刻？

2. 联系工作和生活，这让你有什么启发？或学到了什么？

3. 如果你要运用你所受到的启发，你接下来会怎么做？

第二步：说明游戏步骤

1. 每个小组选择 2 名组员参与游戏。

2. 1 人面向投影幕布进行描述，1 人背对幕布坐着，根据同伴的描述进行猜词。

3. 游戏开始后，每组有 3 分钟（时间可以根据参与人数来调整，如果多于 6 组参加，可以是 2 分钟一组）时间进行我说你猜。

4. 最后，看哪组猜中的词最多，给予积分鼓励或其他奖励。

5. 现场请一位伙伴当计时官，请计时官发布开始口令，主持人往下翻 PPT。

第三步：强调关键规则

1. 不能直接用纸笔写出上面的词给猜词者看。

2. 描述的人不能用其他语言翻译 PPT 上的词。

3. 描述的过程中不能出现同音字或同音词，但如果猜词者说出了其中的词，描述者可以使用。

4. 如果觉得不知道怎么描述，至少尝试一下，才能选择放弃。

5. 猜词的参与者可以提问和确认。

6. 台下的人不能提示参与者，必须让参与者自己完成任务。

第四步：请大家选择参与者

1. 给大家 2 分钟时间，组内交流选出 2 名参与者，并确定谁描述，谁猜。

2. 然后再给大家 2 分钟时间商量一下，为了确保更高质量完成游戏任务，有什么策略。

第五步：开始游戏

1. 邀请计时官员上台，帮助主持人计时。

2. 请计时官员询问参与者"准备好了没有？"，等待计时官员喊"开始"的口令，主持人开始向下翻页。

3. 过程中，主持人在白板上记录下该组答对的数量，可以用画"正"的方式计数。

4. 当计时官员喊"停"，单组游戏结束。

5. 请下一组参与者上台完成游戏，直至所有小组都完成游戏。

以上是一个相对比较正式的培训场合所采用的流程，假如不是一个正式的培训，而是某些团队聚餐或聚会中的一个节目，流程类似，就是更简单些。也不用准备 PPT，现场随机写一些词语即可。

也不需要那么正式，只要确保猜词的人看不见要猜的词，但在场的其他人都能看见即可。

三、关联知识

这个游戏看似简单，不过背后涉及比较多的知识点。

第一，目标感。

这个任务的目标到底是什么？很多人在参与游戏时，会对目标进行解读。

比如，绝大多数人会努力把词是什么意思解释给对方听。但这个游戏的目标只是让你的同伴知道是哪几个字就可以了，至于对方是不是知道意思，并没有要求。比如"勒夫"这个词，喜欢足球的，很容易用"德国队足球主教练，喜欢挖鼻孔的那个……"这个方式来解释。但如果猜词的人从来不看足球，你就会发现，就算把勒夫本尊搬到现场，对方也说不出这个词。

我们回到目标意识。这个任务的目标是让对方说出是"哪几个字"就可以了，即便对方不知道"勒夫"是谁，还是可以尝试用不同的方式，让对方知道是哪两个字。比如把两个字拆开，单独描述每个字。

目标感还有一层意思——不要因为走得太远，而忘了初心。如果眼睛只停留在"目标"本身，结果也可能不尽如人意。

这是在执行过程中很容易出现的状况，最典型的就是 KPI（关键绩效指标），因为它往往与绩效奖金挂钩，这就导致大家都特别关注 KPI，但已经忘了，当初这个 KPI 指标为什么会设立。

比如，客服人员往往有个 KPI 叫"客户响应时间"，为了方便考核，会估算一个合理的指标值，比如有的公司把这个响应时间定为 24 小时内。"24 小时内响应客户的诉求"，看上去似乎挺合理，在执行时，会出现这么一个现象，员工只要在 24 小时内响应，该指标就不会被扣分。那么，即便有些事情，可以在接到诉求的当下给反馈，我也可以不马上响应。拖个几小时也没有什么大问题。

那么，当初定一个"24 小时内响应客户的诉求"的目标，有什么意义？或者说，为什么会定这么一个目标？我们会发现，这个指标最终是为了让客户有更好的体验，因此，24 小时内不是关键，第一时间响应才是关键！

第二，对象感。

这里的对象意识指的是在沟通和传递信息的时候，能不能站在对方的角度来表达。而不是以自我为中心，自说自话。

我们依然以前面的"勒夫"为例，如果负责描述的参与者是个足球爱好者，而负责猜词的是位从来不关注足球的女士。一个很有意思的场景几乎每次会重复上演，负责描述的参与者竭尽所能来描述勒夫的形象，有人甚至把勒夫的家世都描述出来，而且形象描绘得非常丰满而有画面感。然而，猜词的人一脸懵圈！

这个场面，像极了跨部门沟通。甲部门的 A 说了半天，觉得自己讲得已经非常明白了，可乙部门的 B 完全不知道对方在说什么！最后，A 觉得 B 理解能力有问题，而 B 认为 A 的表达能力有问题。

我们都习惯了在自己的专业范围内描述事物，而不太会考虑对方的知识结构。

推而广之，不同行业的人沟通起来也会有同样的问题，比如互联网行业启用"新词"比较多，在和传统行业的人沟通时有可能出现很尴尬的场景。比如以下一些互联网企业的常用说法，在传统制造业打拼的大多数人，很可能不知道他们在说什么。

"约了明天和对方总监对焦，拉齐一下认知。"

"把规则通晒一下。"

"实现全链路打通。"

"要维护多维矩阵闭环内容，为品牌赋能。"

"争取做到头部。"

"我们的战略护城河是什么？"

"抓住客户的爽点。"

反之，亦然，对于制造业常用的 5S 管理、6 西格玛、品管七大手法、A3 报告等，在互联网行业基本不使用。

第三，沟通精准度。

沟通的精准程度和以下一些要素有关：

- 双方是否有明确的沟通策略；
- 双方是否具有共同的背景知识；
- 反馈确认时有没有歧义；
- 遇到障碍时的应对方法。

比如在游戏中，有人使用以下的沟通策略，首先，先说有几个字；然后，确定知识范围；最后，才是描述细节来定义这个词。

举个简单的例子，假如要猜的词是"樱木花道"，描述者先说，4个字；然后，问对方，看过日本动漫《灌篮高手》吗？以确定对方是否有这个知识背景。如果对方的反馈是看过，那么，就可以根据动漫里的信息来描述细节，比如"红头发""喜欢赤木晴子"等。

那么，如果在策略第二步确定知识范围时，发现对方没看过这个动漫，应对方法是什么？这时，如果还是使用《灌篮高手》这部动漫作为背景知识来描述，那对方永远也不知道说的是什么，因为这部分知识在对方的脑海中是完全空白的！

有一次做这个游戏时，就遇到描述者对这个动漫很熟悉，但猜词的参与者是不看动漫的长者，描述者在确认过对方完全没有这部分知识背景后，很沉着地换了一种方式。

"一个日本人的名字，4个字，先说第三个字，上了年纪远视眼，需要带老什么镜？"

"老花镜，花。"

"对，第三个字是花。日本的国花是？"（猜词者说出了"花"，因此

这么问不算违规）

"樱花。"

"樱和花分别是这个日本名字的第一个字和第三个字。现在说第二个字，中国的五行知道是哪五行吗？"

"知道。"

"好的，第三个字就是除了金、水、火、土剩下那个。"

"木，樱木花……"

"对的。最后一个字，古代先贤老子写了本书，叫什么德经？"

"道德经，道，樱木花道！"

这个沟通过程非常有意思，最开始在原有的知识结构下无法完成任务，因为有一方不具备相关的背景知识。这时，需要表达者换一种对方能理解的方式陈述相关信息，为了让沟通的精准度更高，在这个过程中需要反复尝试和确认，直到对方理解。

诚然，如果双方具有类似的知识结构和背景，沟通的精准度会高很多，甚至在很多对话过程中都不需要确认。这也是很多人的困惑：明明在自己部门内部沟通还好好的，但用同样的话术，和其他部门沟通，都说听不懂！

不过，这也是现实，一个人不可能了解所有其他部门的工作内容，因此，在沟通的过程中需要不断确认和切换不同的表达方式，以确保信息传递的精准。

第四，乔哈里视窗。

说到沟通，不得不提到著名的乔哈里视窗（Johari Window）。

乔哈里视窗是一种关于沟通的技巧和理论，也被称为"自我意识的发现——反馈模型"，中国管理学实务中通常称之为沟通视窗。这个理论最初是由乔瑟夫（Joseph）和哈里（Harry）在20世纪50年代提出的。视窗理论将人际沟通的信息比作一个窗子，它用自己知道与否和他人知道与否，将视窗分为 4 个区域：开放区（我知道，对方也知道）、隐秘区（我知道，对方不知道）、盲目区（我不知道，对方知道）、未知区（我不知道，对方也不知道），有效沟通就是这四个区域的有机融合（如图 4-2 所示）。

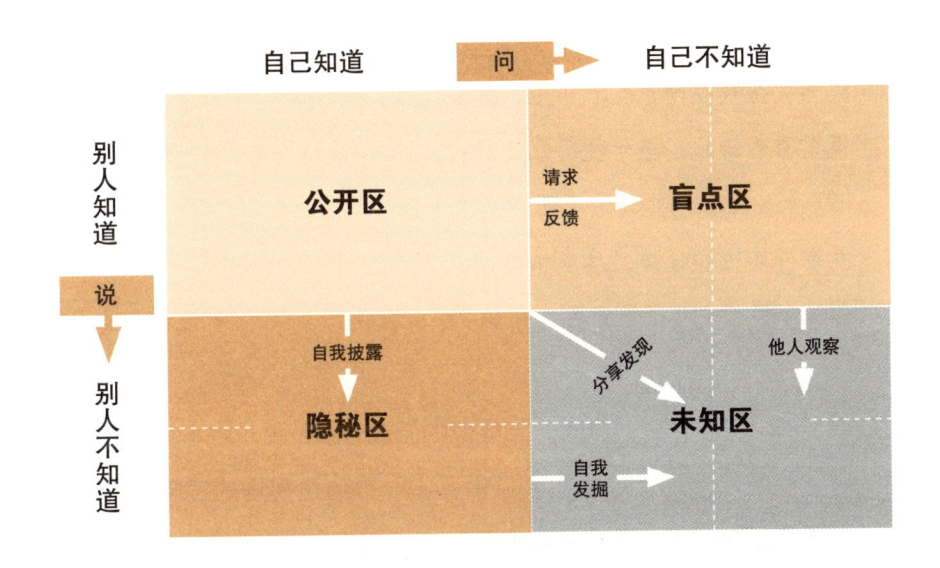

图 4-2 有效沟通的四个区域

在公开区，双方都比较了解，沟通的障碍会少一些，在这个区域才有可能做到换位思考；而在隐秘区，自己有意无意地隐藏了一些信息，这时，需要做到更开放，大胆承认自己对某些领域的无知；在盲目区，意味着自己缺失了一些信息，但对方是知道的，这时，需要经常询问，邀请对方给反馈；在未知区，双方对相关信息都不了解，这时，需要共同探索，可以使用批判性思维的方式，不断提出探究性的问题，进而逐步扩展原有的信息。

四、实操建议

这个游戏比较常见，规则也很简单，非常适合日常工作中运用。如果是正式的培训，可以多做一些准备。

- 把相关游戏规则写在 PPT 上，避免歧义；
- 提前看看场地，把干扰因素去掉；
- PPT 上多准备一些词汇（两百多个）；
- 熟练开场白和说辞，尽量精确；
- 万一不能用 PPT，你的备选方案。

在很多的综艺节目中，也能看到类似的游戏，只是要求各不同。比如《王牌对王牌》就经常采用，在综艺节目中，主要目的是现场的"笑果"，因此基本是限制了开口讲话，只能表演或画。

这些方式都可以借鉴，通过修改游戏规则来增加难度，当然，还是要回到最初的起点，你的目的是什么？比如是团队建设，想通过这个活动，看看团队成员之间的默契度。那就把不允许演绎者说话这个要求放进去。这样，大家只能通过眼神、表情、肢体动作等来猜测。为了降低难度，事先告诉词汇的范围，比如和大家的业务相关，甚至就是在场人员的名字等。

如果是非正式的培训，只是一个活动，可以参考以下做法。

- 明确自己做这个活动的目的，不要为了游戏而游戏；
- 修改游戏要求，比如只能画不能说或只能演不能说；
- 放轻松，学会就地取材，就算是即兴的活动也不用担心；
- 让大家聊聊游戏和实际工作的关联和感受。

皇帝的任务

刘方

一、基本信息

1. 游戏名称：皇帝的任务
2. 游戏目标：展示组织中沟通遇到的问题，进而引导出核心要点与解决方案
3. 游戏时长：60 分钟
4. 游戏准备：每个小组 5~6 人，围坐在一张 1.2 米见方的桌子旁，桌上准备适当的乐高道具、A4 纸，笔等。培训师事先要为每个小组准备一张图纸，各个小组的图纸不能重复。一位培训师可以引导 3~4 个小组，如果学员人数增加，需要酌情增加培训师

二、游戏步骤

1. 由培训师讲解背景、规则、角色分配等（5 分钟）（如图 4-3 所示）。

引导词：在漫长的中国历史中，皇帝是非常重要的角色，在我们这个活动中，将由一名学员扮演皇帝/女皇，在整个游戏过程中，皇帝/女皇将在教

室之外。大家想想，皇帝在皇宫里，每天都想些什么？（一定要告诉学员，皇帝想的是大兴土木！）是的，皇帝会希望建造一些伟大的建筑，那么，谁会来完成这个任务？毫无疑问，是工匠，所以，在我们这个活动中，将有人承担这个任务，在桌子上用乐高完成皇帝想要的建筑。不过，皇帝每天都在宫里，不会和工匠见面，那么双方怎么沟通呢？（毫无疑问，是大臣！）对，大臣会承担起传递信息的任务，所以每组要选出一位大臣，在整个活动中，只有大臣可以去面见皇帝，帮助工匠完成最终的任务。现在，请各个小组讨论一下，推选一位皇帝，一位大臣，其余的伙伴就要承担工匠的责任。

2. 等学员分配好任务后，让工匠和大臣留在教室内准备乐高道具，培训师带着皇帝们到教室之外分配任务。请各位皇帝以抽签形式抽取图纸，然后向他们讲述要点：建筑一定是立体的；尺寸要和图纸一样大；图纸上的图形意味着最终建筑的侧面投影，投影的形状和图纸尽可能一致。讲解完毕后让皇帝们记住图纸上的内容，时间到，收回全部图纸（5分钟）。

3. 培训师通知大臣们可以来和皇帝沟通，可以带纸笔做记录，但不能画图（3分钟）。

4. 大臣们回到教室内，开始指导工匠搭建。搭建过程中大臣不能碰触乐高道具。培训师走出室外，再次将图纸分发给皇帝，让皇帝熟悉图纸内容。时间到，培训师收回全部图纸（5分钟）。

5. 培训师再次通知大臣们可以和皇帝进行第二次沟通，可以带纸笔做记录，依旧不可以画图。工匠在无大臣指导的情况下继续搭建（3分钟）。

6. 大臣返回教室，继续指导工匠搭建。皇帝可以走进教室，站在教室的最前面观察教室内的场景，不可以走动和说话（5分钟）。

7. 培训师将图纸发还给皇帝，让每位皇帝按顺序将图纸和工匠的作品做对比，让其他小组伙伴评判两者相似度（10分钟）。

8. 对游戏活动进行点评（20~30分钟）。

9. 游戏结束。

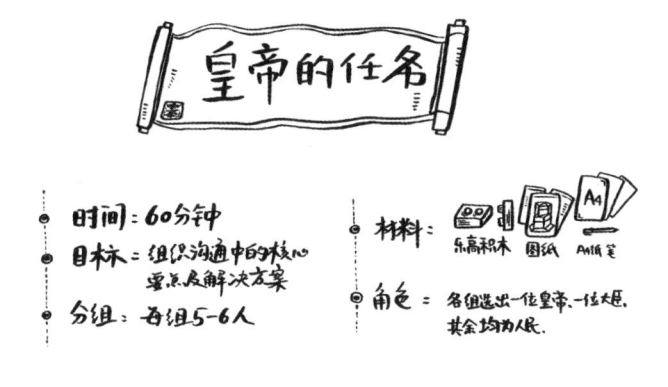

图 4-3　游戏"皇帝的任务"

三、游戏的一些变化

1. 如图 4-4 所示，游戏中会有两次大臣和皇帝沟通的机会，小组成员可以决定是否更换大臣人选。

2. 可以设定规则如下：第一次大臣和皇帝沟通，皇帝说，大臣只能听，不能提问，同样，大臣回到教室内，只能说自己听到的信息，工匠不能提问，根据得到的信息开始动手搭建；第二次大臣和皇帝沟通，双方可以有问有答，同样，大臣回到教室内，工匠也可以提问。这样的设定是为了引出单向沟通与双向沟通的知识要点，培训师可以酌情处理。

3. 游戏完成一轮后，可以更换一批图纸，难度适当提高，让学员再做一轮，以考察是否比第一次有沟通上的改善。

4. 除了大臣以外，还可以增加工头一职，负责大臣和工匠之间的信息传递。由此拉长了沟通链条，增加了沟通的难度。

四、游戏总结

这个游戏在现场极具吸引力，学员们会积极地参与其中，过程紧张刺激，最后对比阶段更是亮点多多。沟通类的游戏活动相当多，培训师们早已了然于胸，不过，多数的沟通培训活动重在面对面的沟通，考察呈现观点、提出问题、解决冲突、给予反馈等行为，而皇帝的任务模拟了组织中的沟通，也就是说，沟通并不只是两个人的事，更要看到沟通时传递的信息如何在组织中渗透，特别是领导者，更要关注这方面的影响。当然，因为在游戏活动中大臣广泛地和不同角色进行了对话，培训师也可以结合自己的观察，引申到面对面沟通的一些知识要点上，为学员提供点评和讲解。

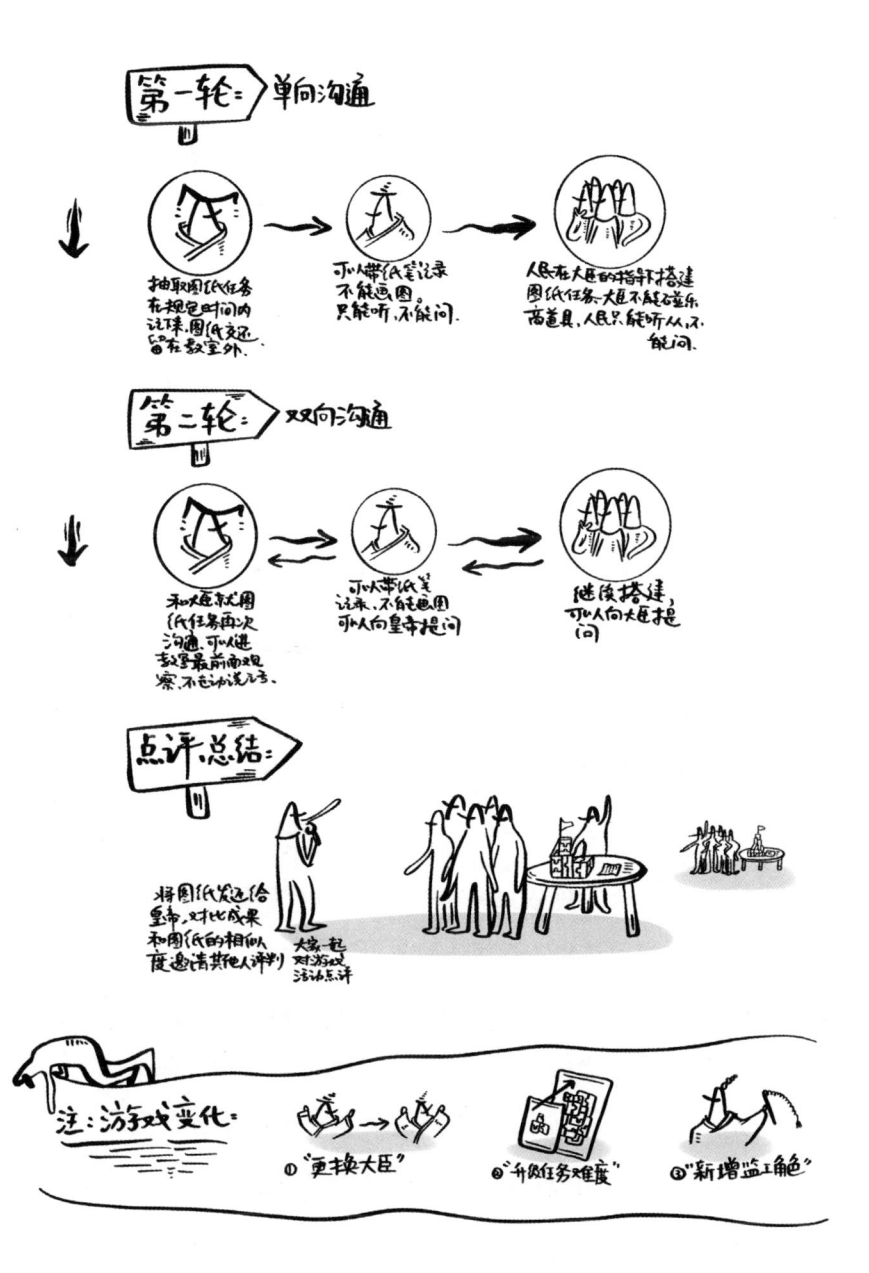

图 4-4　游戏第一轮"单向沟通"

五、点评时的问题

除了沟通中常用的一些点评问题外，结合游戏活动的独特之处，可以让学员在更高的层面上进行思考。

在点评过程中，可以向皇帝提出如下问题：在向大臣讲解过程中，你是否注意到你传递的信息会被大臣继续传递？你是否采取行动让信息更准确地在组织中传递？你是否确认过从自己这里发出的信息是否被工匠准确接收？在工作场景中是否遇到过类似的问题？

通常来说，担任皇帝角色的学员会更关注在和大臣的沟通中，很少会想到信息的进一步传递，让学员对这个问题进行反思，很容易帮助他们发现组织沟通中的问题所在。在学员意识到问题后，就可以引导他们寻找解决方案。

同样，也可以向工匠提问：你们是否想过把已经达成的成果告诉皇帝，让他来进行比对？你们是否把自己已经做到的告诉其他人，而不是等到最终完成后再去告诉他人？在现实工作中我们是否有类似的表现？该做出哪些改变？在整个游戏中，多数情况下担任工匠的学员会更愿意和大臣对话，获取信息，很少想到通过大臣把成果向皇帝传递。可以引导学员思考现实工作中我们是不是也更愿意和某些人沟通，而忽视了信息真正应该到达的接收者？

对于大臣，可以提问如下：在这个过程中你如何看待自己的角色？仅仅是沟通者吗？你如何建立信息传递的标准？如何为上下游提供反馈？毫无疑问，在组织中获得的任务或头衔往往会让人们陷入其中，忽略了更重要的职责。大臣很快会意识到在活动中自己是最重要的沟通者，有可能主要精力都花在了沟通上，而缺乏整体的思考。如果大臣能够想办法提升沟通的质量，而不仅仅是停留在信息的传递上，将极大提升结果。

在这个游戏中，点评时也可以引入沟通模型、沟通漏斗、乔哈里窗、反馈模型等，培训师可以根据自己的培训目标来灵活掌握，而游戏活动提供了一个极佳的舞台，会呈现出很多有意义的行为。

六、应用案例

某互联网公司高管领导力培训项目：课程之前客户负责人明确要求不能使用"传统"的培训手段，要求在短时间内就可以吸引学员参与，并与现实中的工作场景进行链接。皇帝的任务用在了培训开场后的第一个大型活动，快速地吸引了学员的注意力，让学员们在完成任务的同时，也暴露出了许多沟通中的问题。在培训师引导学员反思后，学员们讨论出了一些改善企业沟通现状的建议，并得到了一致的认同。其中一位参加培训的总监说道："我们平时都在沟通，也觉得自己会沟通，但总是感觉沟通没达到自己想要的效果。在这个游戏里，大伙儿的表现就像工作里一样，是在沟通，但没有事先想好该如何沟通，尤其是话说出去后又带来什么？你怎么知道这个带来的影响？沟通不光是两个人的事，特别是各位领导者，要想想你怎么去改善整个组织的沟通。"

某外资医疗企业沟通培训中，该活动应用其中。应客户的要求，在第一轮完成后要求学员们进行讨论和反思，并由培训师给出点评和反馈，在这个基础上，更换了一批难度更高的图纸，进行了第二轮游戏。虽然在第一轮中学员们已经熟悉了活动内容，但由于难度的增加，在第二轮依旧不能轻松完成。从观察者的角度来看，学员第二轮的表现比第一轮有了明显的进步，具体体现在：首先，对所沟通的内容先行建立标准，帮助彼此形成共同的理解；其次，有意地寻求和提供反馈，而不是仅仅接受信息；最后，每个人没有固守在自己被分配的角色中，能够跳出角色思考和行动。

皇帝的任务可以广泛地应用在领导力、沟通、跨部门合作等不同主题的培训当中，在多次实践当中都带来非常积极的效果。希望这个游戏活动可以帮助更多培训师，为自己的培训增加新的色彩。

作者简介

刘方

刘方老师曾经在22个国家实地工作，领导过多个国际化团队并取得卓越绩效。15年的国际化培训和管理经验帮助刘方老师能以最有效的方式针对学员真实需求来展开培训课程和引导工作坊。

刘方老师的培训不同于以往以讲授内容为主的传统培训，而是通过"由学员提出问题并解决问题"的理念，结合学员实际情况，使用多种引导手段，使学员自己找到问题解决的方案并在工作中实施。在培训领域，刘方老师已经在20多个国家为来自60多国的客户提供各类培训。

刘方老师还具有国际化的课程开发与设计能力，多次根据客户实际需求量身定制各类工作坊，获得客户的高度评价。刘方老师也是创新的实践者，设计了许多独特的工具与模板帮助学员解决实际工作中遇到的问题。同时，刘方老师也获得了多门版权课程的大师级认证，并拥有乐高做培训®、乐高团队工作坊®、乐高做教练®等三项乐高类课程专利。

问答魔方

孟祥瑞

一、基本信息（如图 4-5 所示）

1. 游戏目标：提高参与者的沟通能力。分别提高目标把控、表达、倾听、提问反馈四个细分维度的能力

2. 适用范围：领导力、团队协作、组织发展、情绪管理、职业化素养等课题

3. 设计时长：标准版：40 分钟

    简化版：15 分钟

4. 适合人数：2~30 人

两人即可组队完成，分别需要兼任多个角色。

最佳为每组 5~6 人。可以分别承担不同角色。

道具：特制二阶魔方一个 / 组。六个面分别含六组任务要求。（可以用普通二阶魔方在六个面上贴纸）

道具卡片三套：人物卡、生活用品卡；成语卡。

白板一块或 A4 纸、记号笔、水笔。

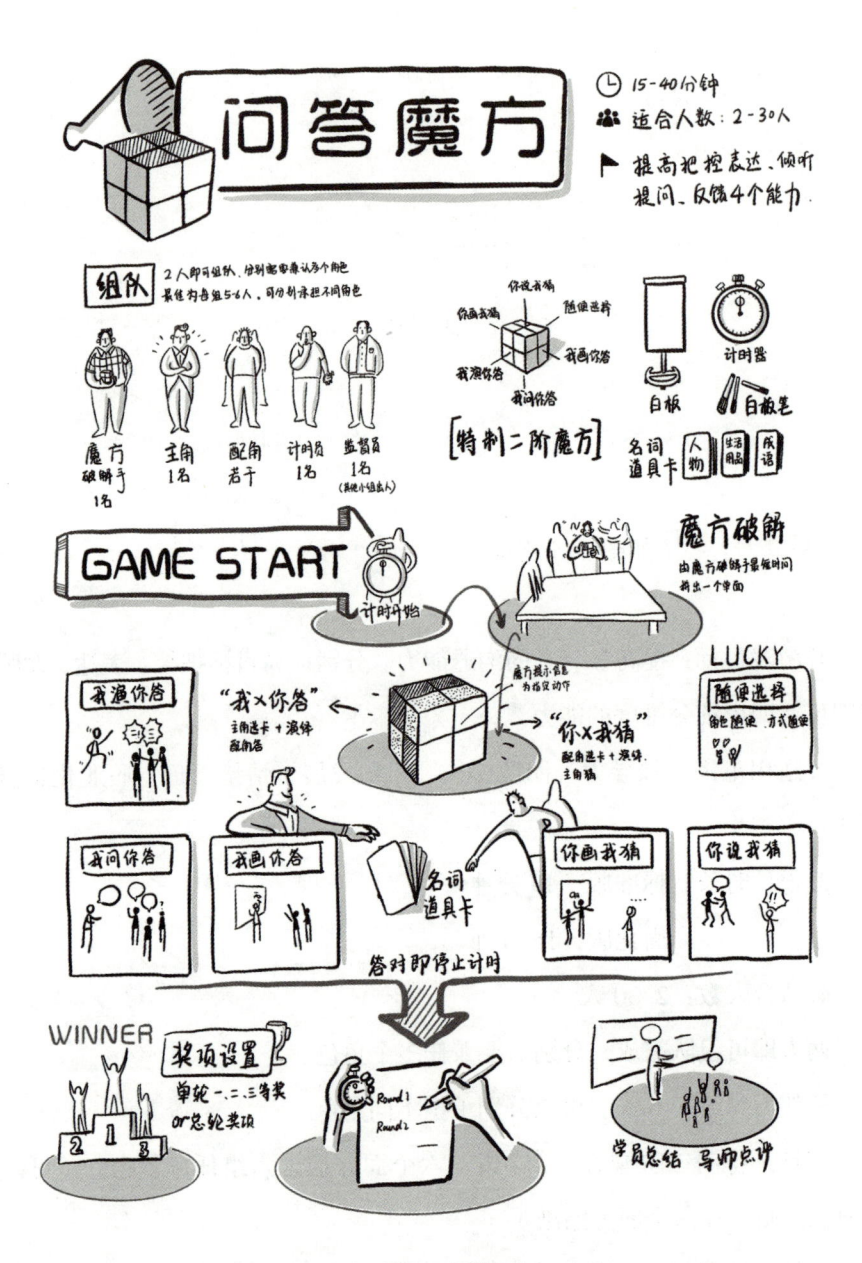

图 4-5　游戏"问答魔方"

二、关键步骤

1. 导师开场总体说明。
2. 介绍活动步骤与细节要求。
3. 示范演练。
4. 各小组分别开始进行活动。
5. 活动结束，统计计时与排名。
6. 学员活动总结、分享与导师点评。

小组成员角色：

魔方破解手一名；主角一名；计时员一名；配角若干名。

可另外设置监督员一名（其他小组出人）。

三、导师关键话术

1. 导师介绍活动

大家好，接下来我们要做一个活动，这个活动会分成两个部分。

活动的第一部分。大家可以看到每个桌上都有一个二阶魔方，成员自告奋勇或者由组长指定来担任魔方破解手。破解手，在最短时间内随机或选择拼出一个单面。魔方单面上的提示信息即为活动第二部分的指定动作。

2. 活动第二部分由一人作为主角，其他小组成员作为配合。

3. 说明魔方上的六个面包含多种任务要求。五个指定动作，一个随便选择。六个面分别标记为：

第一面：我画你答。

第二面：我问你答。

第三面：我演你答。

第四面：你画我猜。

第五面：你说我猜。

第六面：随便选择。

4. 如果魔方破解面为"我×你答"三个面中的一个，即由主角抽选一张道具卡，告诉配角卡片类型，然后根据卡片上的提示来表现，表现形式按魔方破解面提示来操作，"我画你答"需要在白板或A4纸上写或画。如果魔方破解面为"你×我猜"，则由配角选择一张道具卡，告诉主角卡片类型，然后由配角画或表现，由主角来猜，配角根据主角的说明只能给予"是"或"否"的回答。

无论哪种表现方式，配角都禁止直接说出道具卡上的信息。

5. 活动规则与要点说明后，可以抽选学生配合进行演示，也可以播放相关视频。如综艺节目中有大量与本活动相关的内容，可以选择其中一段进行播放。

6. 计时规则：游戏可以进行多轮，一般可以设定 2~3 轮，每一轮导师说"开始"，计时开始，小组成员答对卡片上的信息为计时结束。

可设置单轮一、二、三等奖，也可以综合多轮成绩合并计算奖项等级。

7. 总结分享：

时间充裕：每个小组基于课题总目标或段落小目标进行活动复盘，总结游戏过程中的成败得失，提前优秀的做法促进回到工作岗位后继续发挥，也要明确失误之处，避免日后重蹈覆辙。然后每个小组分享。可结合白板纸呈现。最后由导师点评。

时间较为紧张：可以选择鼓励 1~2 名学员自告奋勇总结或指定学员总结，然后导师点评。

总结要点要根据课题总目标和段落分目标进行引导，再结合学员的实际表现，基于事实加以肯定、表扬和鼓励，对于问题要根据学员及环境情况直接或委婉地指出。关键内容参考拓展知识点。

四、拓展知识点

在沟通过程中非常重要的是让学习者理解到沟通过程中有三个段落，也称为"三界"。

第一段：事实。在沟通中非常重要的是了解事情的真实信息。当事情的真实全貌无法清晰地呈现出来，极容易导致沟通的双方会产生误解，从而导致沟通的结果出现偏差，对工作人际关系产生不利影响，所以在沟通当中非常重要的基础就是通过各种方法来明确事情的真实有效的信息。

第二段：目标。任何沟通过程中都需要明确沟通的目标是什么？也就是需要有一个导向，期望通过本次沟通达成什么结果，明确这个结构有何意义？有的沟通期望的结果是表面的，比如"商务谈判"要谈成一个合作、签订一份合同；"销售"要把产品或服务卖给客户；"道歉"希望对方原谅。有的沟通目标是隐藏的，比如闲聊，虽然表面没有说明明确目标，其实通过沟通双方交换了有效的信息，增加了信任感，也放松、愉悦了身心。

只有当沟通目标明确了才能进一步确定下一步的行动计划。

第三段：通过四种沟通的方式来澄清事实和目标。

第一种方式是表达。把话讲清楚，把事实说明白，是沟通过程中非常重要的基础。

第二种方式是倾听。能够听明白对方表达的直接意思，并进一步听懂对方深层次的意思，是保持沟通顺畅及进一步沟通下去的基础。

第三种方式是提问。在沟通过程中，当表达一方不明白对方的表述信息或者需要重申或强调相关信息时，需要使用提问的方式向对方确认事实信息。

提问的方式包括开放式提问和封闭式提问。

开放式提问一般用在交流话题的初期,用来打开双方的话匣子,引出更深层次的话题,促进交流的深度和广度。通常采用的方式有:

"你对此有什么想法?"

"你有没有更好的建议?"

"你觉得导致这个结果的偏差的关键问题在哪儿呢?"

这类问题的回答可以促进表述人根据问题说很多相关内容。

封闭式提问一般用在单一沟通话题结束时用来明确进一步的行动。通常采用的方式有:

"那么接下来,我们就按照刚刚商定的内容去执行,好吗?"

"刚刚您表达的意思是真实的吗?"

这种提问的方式导致回答方无法做出广泛的回答,通常只能选择"是"或"不是",或者极简单的几个答案。

第四种方式是反馈。根据对方表述的信息或提问,给予相应的反馈答案或者解释。反馈包括语言、肢体动作、表情等多种行为。比如:以语言形式回复"是"或"不是";点头或摇头,"OK"的手势等。

五、延伸应用

可以用此活动培养少年儿童的沟通能力,提高综合素质。

很久很久以前

沈亦周

一、基本信息（如图 4-6 所示）

1. 游戏简介

（1）团队合作的微型故事创作游戏，具有很强的参与感和娱乐性。

（2）很适合在下午时间段作为配套的游戏。

（3）运用于团队配合类、沟通类、演讲类、设计类相关的培训活动。

2. 预计时长

（1）10~15 分钟

（2）总体不超过 20 分钟

3. 建议人数

（1）5~6 人一组

（2）如果单组人数超过 6 人，可以适当增加故事中的过渡桥段

（3）一般单组不少于 5 人

（4）运用于 24~36 人

（5）如果人数超过36人，建议选择部分人来体验，如果上台体验游戏的组数超过6组，会导致活动时间过长

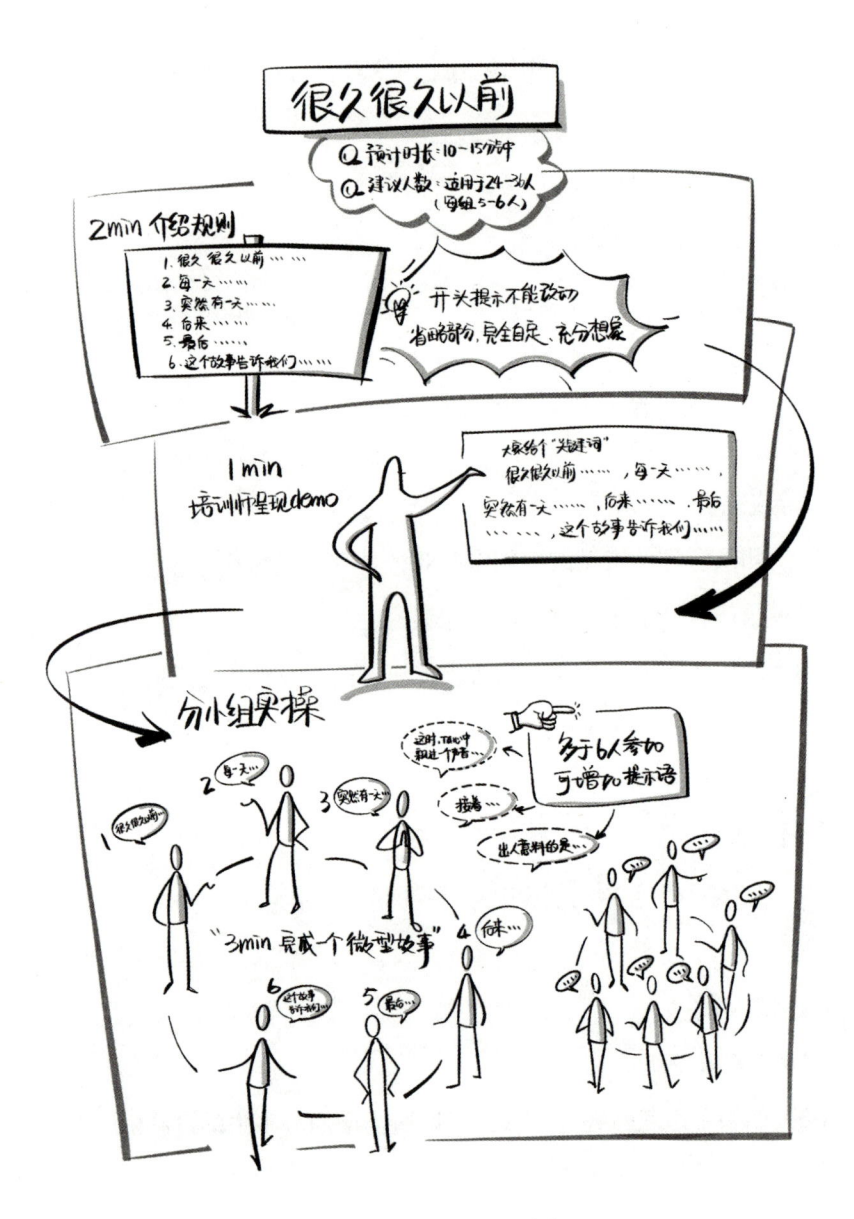

图 4-6 游戏"很久很久以前"

二、前期准备

1. 场地要求
无

2. 物料准备
PPT

三、操作流程

1. 介绍游戏规则（1~2 分钟）

（1）看 PPT，梳理出微型故事的 6 个情节桥段的开头提示。

（2）小组中的 6 个人根据开头提示，依次说出一个完整的句子，凑成一个完整的微型故事。

（3）开头提示不能改动，后面接的内容可以完全自定，可以充分想象。

（4）最后一个人需要总结故事的内涵或者观点。

备注：

（1）如果少于 6 人，就继续回到第一个人或第二个人，来继续最后的句子。

（2）如果多于 6 人，可以在 6 个开头提示中间，加入更多的提示语，增加故事的戏剧性。

比如可以在"突然有一天"和"后来"之间，增加更复杂的情节提示：

- "这时，TA 心中飘过一个声音……"
- "接着……"
- "出人意料的是……"

2. 培训师呈现一个 demo（1 分钟）

（1）可以请现场学员随机给出一个关键词，作为开头。

（2）培训师完成一个完整的微型故事。

3. 各组学员依次上前完成微型故事（3 分钟）

（1）为了增强互动性，可以请现场其他学员随机给出关键词，然后由每组的第一个学员根据关键词来开场，关键词必须出现在第一个句子里。

（2）如果人数少于 6 人，可以小组内循环。

四、参考话术

1. 每个组要一起合作完成一个微型故事。

2. 小组内先确定顺序，然后每个人依次说出一个完整的句子，句子必须以 PPT 上的过渡语为开头。

3. 既出人意料，又在情理之中。

五、关联知识

1. 理论来源

（1）戏剧理论中，情节性的反转与悬念能有效吸引听众的注意力。

（2）该理论被广泛用于小说、电影、广告等各种形式的故事中。

2. 商业性关联

（1）在设计品牌故事时，不论是个人品牌故事，还是商业品牌故事，都需要设置悬念和戏剧性转折，学员需要有意识地加深这方面的意识与能力。

（2）通过设置悬念与戏剧性转折，可以在已有素材基础上，叠加更多非直接相关素材与元素，有助于让品牌故事更加有可塑性与拓展性。

（3）悬念与戏剧性转折可以有效改变受众预期，抓住受众注意力，并留下深刻印象。

（4）超出预期的关联性，同时还能增加幽默感，激发受众的进一步传播行为。

六、点评要素

（1）学员的想象力：是否充分，能否不断跳出前一个句子预设的框架和逻辑。

（2）学员的逻辑：逻辑是否合理，在跳跃性的同时，保持合理的逻辑性和关联性，出人意料但同时要合乎情理。

（3）学员的总结归纳能力：最后的总结者，是否能抓住跳跃故事的主线，或者点出其中最亮的核心观点。

（4）学员的画面表述能力：是否能构建清晰画面感。

七、实操建议

1. 适用课程 / 话题

（1）这个游戏中，考验的是学员的故事创造能力、逻辑能力、换位思考能力、即兴反应能力，以及总结提炼能力；同时还可以放松气氛，提升学员的课堂能量和注意力。

（2）最适用的是演讲表达类课程，以及涉及内容创作的工作坊。

（3）也运用于与沟通、即兴思维、换位思考、相互协作相关的课程。

2. 增加随机性与互动性

为了让全体学员都能获得更强的参与性，同时也增加游戏的随机性和难度，可以采用以下方式：

（1）全体学员每人在一个便签上写下一个随机关键词。

（2）可以不加限制（更加开发和随机）。

（3）或者限制在某个范畴内（比如限制在企业品牌范畴内，可以创造出有趣的品牌故事）。

（4）写完后，把便签二次折叠，然后统一收集起来。

（5）每组上台挑战游戏之前，每人在便签堆里随机摸一个便签。

（6）给每组20秒时间，看一下便签，但不可讨论，也不能相互告知自己便签的内容。

（7）20秒后开始依次讲述故事。

3. 提升即兴反应

为了提升学员的即兴反应能力（经常用于沟通或者协作类课程中），我们可以把游戏修改为两人制（3人亦可），具体方式如下：

（1）首先把故事过渡框架扩充到10句以上，中间可以有3~4次转折；

（2）两两配对；

（3）一个人随机说出一个关键词，由另一个人开始故事的第一句；

（4）然后两个人轮流根据过渡提示开头，说出句子，完成故事；

（5）可以尝试2~3次；

（6）这种方式也可以运用于人数较多，无法分组的会场，能够让全体学员都充分参与。

生日手势列队

李程

一、基本信息

1. 游戏名称：生日手势列队
2. 预计时长：15 分钟
3. 建议人数：多于 18 人，活动时 15 ~ 20 人 / 组

二、前期准备

1. 场地要求：需要相对空旷的场地，站到教室最前排或最后排。学员离座时，请把桌椅收起合拢，避免磕碰安全第一。
2. 物料准备：无

三、操作流程

1. 活动介绍话术

（1）每组 6 分钟的讨论时间，讨论出一个旨在将一队人基于生日排序的

规则,"生日"采用身份证上的阳历日期,而非农历,只关注"月"和"日","年"信息不考虑。

(2)学员会有 6 分钟讨论时间,之后进入 1 分钟执行阶段。最终排序结果为,从左到右依次展开;或"靠门是 1 月 1 日,靠窗是 12 月 31 日"。

(3)在排序的执行过程中,只能使用手势比画,不能通过其他形式传递相关信息,诸如:相互口头告知,把生日写在手背上或白纸上高高举起。

(4)6 分钟的讨论时间,要求学员把整套沟通的手势设计出来并予以确认,但只能是纸上谈兵,没有试排演练的机会,因为如果一试排,结果就都知道了。

(5)学员不要在讨论过程中,互通彼此生日。列队的结果不重要,方法过程很重要。

(6)这次少于 20 人的小规模预演,是为了服务于 200 人生日按序列排队的流程需要。因为是"流程",所以一会儿所讨论出的方法要保证能在 200 人,甚至是 2000 人的场景也能适用,可迁移且结果输出稳定。

(7)规则和最终产出讲过后,向学员确认是否有问题;稍等片刻,有人会问或没人问就自补一句:"若碰到同月同日?手牵手。"

2. 讨论过程中的监督

(1)若出现自发性的大规模(人数 >6 人)预先排位,给予制止。

(2)讨论总时长 6 分钟,到 4 分钟时给出口头告知,并再次强调"现在所讨论 20 人小队列队方法,需可迁移到 200 人的大场景中,请注意其通用性"。

(3)列队过程中严禁讨论,若出现交头接耳的情况,培训师必须给予制止。

3. 现场结果检查 + 流程指引写作

(1)各组列队,各队完成后举手示意告知培训师。

（2）时长控制在两分钟内，对于做得慢的最后一组，要给予一定的外部压力。

（3）促使其在过程中犯错，以便之后点评。

（4）都完成排队后，请每组的第一个伙伴，去其他组做审核员。

（5）被审核组的所有组员依次报出自己的"出生月＋日"，若出现错误，往前一步。

（6）若出现迟疑，"审核员"微笑问一句：你确定吗？

（7）最终计数站错位的人数，问一下原因，给所有的参与者掌声，全体落座。

（8）学员落座，各桌基于刚才的实际操作，试想你是200人生日手势排列的唯一指挥者，请将你如何精准且清晰地发布动作指令，写在白纸上公示。保证任何人都能一看就懂，尽可能少的解释；也就是操作手册的编写。

4. 公布标准答案

三步骤：

（1）数字手势，从0～9编码统一；容易出现争议的是7和9（如图4-7所示）。

（2）左手为十位数，右手为个位数，若手势数为"7"，左手补"0"；一起演示一下"07"和"26"。

（3）先排"月份"，同月为一组，再排"日期"，完成任务。

四、关联理论

这个教学活动特指结果确定，只关注如何执行的大前提。所对应的知识点是"结构化思考""向下沟通之有效指令发布"。

各种 7 的手势，大开眼界		
最常见，5 指并拢 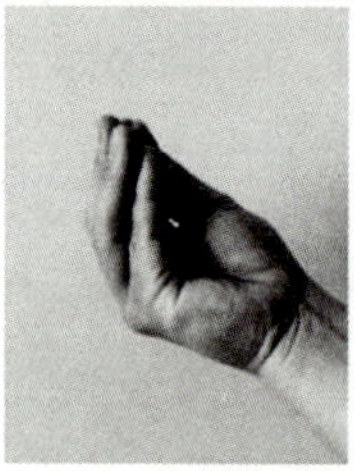	很形象，竖的拇指 + 食指 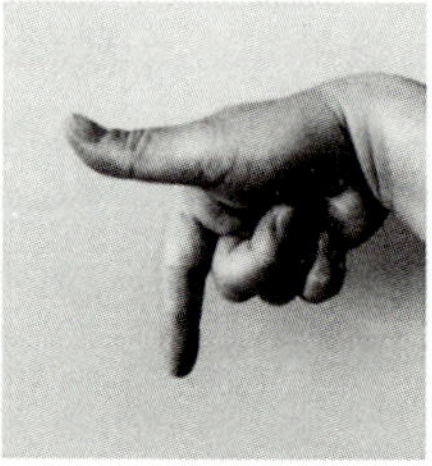	非常 6+1，看了真服 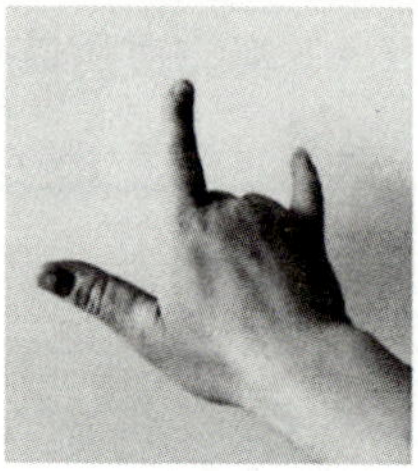

图 4-7　各种 "7" 的手势

"结构化思考"在职场中的一个应用，就是"任务拆解"。之前的"执行流程"之所以不明确的原因是，很多人思考的切入点是"月份，我该怎么做手势""日期，我该怎么做手势"。可"月份"的数值范围是 1～12，单手勉强就能达成，但"日期"的数值范围是"1～31"，表现难度复杂得多，双手该怎么比画，然后现场就一片混乱。因为本次参与人数只有 20 人，试想若是 200 人的大场，现场将是怎样的一番景象。

"参考答案"所写流程的切入点，先是确定"单个数字编码"，即基本元素。在职场中，我们常说要统一格式，统一语言。管理者脑海中做所认为的"某物某事"，和下属脑海中所认知的"某物某事"是一致的吗？同一公司内，A 部门有一零部件缩写是"OJT"，B 部门也有个零部件缩写是"OJT"，这两个部门中所说的"OJT"所对应的部件肯定是同一个吗？只能说不一定。就如刚才的数字，各省各市的手势，尤其是"7"真的能大开眼界，必须都演示一遍，不然无法保证是整齐划一的。

"双位数显示规范"的确立为的是通用性，不太关注是"月份"或是"日期"，甚至若要扩展到"年份"，我们也仅能关注后 2 位，来达成相应的目的，例如："1985"是"85","2001"是"01"即可。只有在先期准备相关基础信息的大前提下,具体的各细节执行就是手到擒来的事了。

"对下指令发布"既可应用于"管理者规范团队行为减少错误偏差"的场景,也可用于"向上确认",即"领导给出相关要求,下属通过确认具体行为来验证是否正确理解了领导相关意图"的场景。

"有效指令"的存在价值在于受众理解和具体执行的一致性,和通常我们常说在讲话的时候不能"指指点点"截然相反,这是在对事发指令,为了确保最终绩效的产出,必须"指指点点"以保证行动内容的针对性。发布者"点到位"了,执行者才能无脑的"执行到位",如果指令发布的"模棱两可",执行者开始想动脑子了,那结果可就真不可控,会出现五花八门的结果。

连连看

薛菁

一、基本信息

1. 预计时长：游戏时间 15 分钟，点评讨论时间 1 小时
2. 建议人数：15 人左右
3. 场地要求：椅子以 U 形开放式摆放，可利用当中空地进行"连连看"活动。亦可用大白板代替空地
4. 物料准备：A5 卡片纸 20 张（10 张卡片纸上写沟通场景，每张写一种，清单见下表；另 10 张卡片纸上写沟通工具/媒体/渠道，每张写一种，清单见下表），3M 便利贴每人 10 张（5 张用于头脑风暴，5 张用于选择 5 种沟通工具/媒体/渠道），白板笔每人一支。

二、操作步骤

1. 讲师开场

21 世纪是网络时代，随着企业的全球化发展、国际化运营，越来越多的虚拟团队借助科技的力量，运用互联网工具实现异地链接，进行跨国合作。"利

用合适的媒体，进行高效沟通。"是不同时区、异地合作获得成功的关键。同时，我们也逐步认识到不同的工具、媒体或渠道适用于不同的沟通场景。举例而言，很多企业目前就针对在公司内部是否可以用微信和同事及客户沟通持几种截然不同的意见。有些同事认为，微信是非正式的沟通渠道，怎么能用于公事？有些人认为，客户都主动加我微信了，而且习惯于用微信和我们沟通，难道你不去理会客户么，就因为微信沟通不够正式？还有些人认为，用微信方便快捷，对方立马就能看到，并及时给予答复，比邮件高效多了，有助于提高双方的工作效率。但也有人认为，微信用于处理日常事务工作，严重影响生活品质，不能做到工作、生活的平衡。于是乎，企业内部到底要不要采用微信这种沟通工具，大家各执一词，争论不休。事实上，只要根据不同的沟通场景，善用网络媒体和沟通渠道，虚拟团队能跨越时差和距离鸿沟，达成高效运作。通过下面这个练习，我们可以提升大家的"E-Culture"能力。现在，请大家进行头脑风暴，一小组成员讨论并收集我们在日常工作中常见的沟通场景有哪些（讲师给 1~2 个示例，例如："分享信息"是一个常见的沟通场景）。另一组成员讨论并收集我们常用的沟通工具、媒体或渠道有哪些（讲师给 1~2 个示例，例如：F2F 面对面沟通，微信等）（如表 4-1 所示）。

表 4-1　沟通清单

沟通场景：	1. 互相了解，2. 提问寻求答案，3. 解决冲突，4. 谈判，5. 传递保密信息，6. 做决策，7. 头脑风暴，8. 通知，9. 保持联系，10. 快速分享信息
沟通工具/媒体/渠道：	1. F2F 面对面，2. Tel. 电话，3. E-mail 电子邮件，4. TC 电话会议，5. VC 视频会议，6. WeChat 微信，7. SMS/IM 即时短信，8. Forum 论坛，9. Teams/Webex/Skype 互联网会议，10. Fax 传真

2. 头脑风暴

5 分钟，讲师将学员分为两组，让一组学员每人在便利贴上写上工作中常见的 5 个沟通场景，由组长收集并归纳 10 个工作沟通场景，让另一组学员每人在便利贴上写上 5 个工作中常用的沟通工具、媒体或渠道，由该组组长收集并归纳 10 个沟通工具、媒体或渠道。讲师将事先准备好的 A5 卡片纸上归纳的 10 个工作沟通场景及 10 个沟通工具、媒体或渠道呈现在白板或空地上。然后，请学员选择 5 种自己在工作中常用的沟通工具、媒体或渠道，在手中剩下的 5 张即时贴上写上这些沟通工具、媒体或渠道的代号（如：F2F, VC, WeChat 等等）。

3. 连连看

10 分钟，讲师提问："各位学员，请仔细思考你手中的这 5 种沟通工具、媒体或渠道，分别适用于怎样的沟通场景？思考完毕后，请你们将手中的即时贴分别贴在适用的沟通场景周围。完成后，请和组员分享 3 个理由，你为何做出这样的判断？"

三、讲师点评

每种沟通工具根据应用的场景不同、使用者的喜好不同，以及各国文化环境的差异而呈现不同的优势和劣势。所以，任何一种沟通工具的优势不是绝对的，沟通的有效性也与很多因素有关。总的来说，目前的沟通工具、媒体或渠道，通常可按三种特性来分类。

一是处理信息量的多寡（信息发散，或信息的汇总）。

二是可同时互动的人数（一对一，一对多，或多对多）。

三是沟通的时效性，即对方做出反应的时间：同步性（沟通各方同时、异地做出反应，例如：各类论坛，视频会议，即为同步工具。）或非同步性（各方可不限时、不限地的利用沟通工具进行交流，反应可延迟，例如：电脑发出的电子邮件，就有可能长时间延迟反应时间）。

首先，我们来看一下沟通的时效性，随着科技的进步，有些沟通媒体／渠道可让反应者同步做出回应，我们称之为同步沟通工具（Synchronous Media），例如：网络视频会议（Teams、Webex、Skype），目前，这些沟通工具为大多数跨国企业所采用，但我们不能因此而边缘化那些非同步沟通工具，因为，客观情况是，跨国企业在沟通过程中仍存在时差和地域问题，而非同步沟通工具，可不限时、不限地地传递信息。那么，如果我们能结合运用这两种不同性质的沟通工具，是否能提升跨国沟通的有效性呢？答案是肯定的！例如，很多跨国企业在进行电话会议（TC）时，开启论坛（Chat）。然后，用电子邮件（E-mail）的方式，将论坛中的讨论结果做成会议纪要，发放给与会者。

接着，让我们再来看一下按信息量多寡分类的沟通场景，我们该选择怎样的沟通工具、媒体或渠道呢？大多数沟通过程可按照"信息的发散"（divergent），或"信息的汇总"（convergent）来分为两类不同的场景。在"信息发散"的沟通场景中，沟通者通常期望就同一主题，获得沟通各方不同的观点、想法，通过这种方式尽可能获得更多的信息量。反之，在"信息汇总"的沟通场景中，沟通的目标是想要得出结论、做总结、做决策、解决问题或达成一致。最终通过沟通，精减信息量，聚焦到某个结论或答案。

四、引导讨论

那么，综合上述两种分类方式，连连看游戏的解法应根据下列两个原则（如表 4-2 所示）。

一是非同步性沟通工具／媒体／渠道（Asynchronous Media），适用于信息发散型（Divergent）沟通场景。

表 4-2　连连看游戏的解法原则

沟通场景	信息发散（D）/汇总（C）	沟通工具/媒体/渠道	同步/非同步性
互相了解	先 D 后 C	先 WeChat, 后 F2F	兼而有之
提问寻求答案	先 D 后 C	Tel, E-mail, WeChat, F2F	兼而有之
解决冲突	C	F2F	同步性
谈判	C	Tel, VC, TC, F2F	同步性
传递保密信息	C	Tel, SMS, IM, F2F	同步性
做决策	C	TC, VC, F2F	同步性
头脑风暴	先 D 后 C	WeChat, Forum, F2F	兼而有之
通知	非保密 D, 保密 C	E-mail, WeChat, F2F	兼而有之
保持联系	D 或 C	Tel, E-mail, Wechat, SMS, IM	兼而有之
快速分享信息	C	Tel, VC, IM, SMS	同步性

二是同步性沟通工具/媒体/渠道（Synchronous Media），适用于信息汇总型（Convergent）沟通场景。

五、关联知识

"媒体工具连连看"理论来源于本游戏作者薛菁（Christine Xue）的欧洲同事们——多元文化管理专家：马库斯·海德伯特博士，莉娜·耶勒女士，斯戴芬·迈斯特先生，苏珊娜·斯科茹妃女士共著的《跨域合作亲密无间》一书。

第四章
掌握沟通与表达技巧

作者简介

薛菁

薛菁女士是一名拥有 20 年以上从业经验的培训师和企业教练。在世界各地十多个国家，为上百家企业培训过优秀的企业管理人员。薛女士曾任国际知名跨国公司培训经理，积累了丰富的培训和咨询经验。她培训过的企业客户主要涉及快速消费品、运输、物流等大型国有企业；建筑装潢、化工、科技生产型私营企业；电动工具、汽车、大型设备等传统生产型跨国企业；高等院校、商会等非营利组织。

薛菁女士崇尚"玩中学、做中觉"的培训理念，通过引导学员在游戏的过程中逐步探索管理和领导力的奥义，秉承"知—鉴—信—行—习"的成人学习过程，通过游戏互动，寓教于乐，让学员有更好的自我觉察和学习体验，从而与自己的实际工作产生链接，回顾过往、反思当下、促动改进。

薛菁女士在欧洲工作期间，非常注重和世界各地的培训咨询界同行交流、分享授课经验。同时，也不断寻求授课技能上的自我突破和提升：在英国认证了 Persolog DISC，在德国认证了 Neuro-Color 及 The Leading Brain。是最早将 Persolog DISC 引入中国的咨询顾问。

chapter 5

第五章

体验管理与领导力

气球工厂

陈佳汇

一、基本信息

1. 游戏名称：气球工厂
2. 预计时长：30 分钟
3. 建议人数：16~24 人

二、前期准备

1. 场地要求：分组，每组需要一个桌子，或者大家分组席地而坐
2. 物料准备：
（1）气球 200 个，大小形状相同，一般为圆形，不要异形，中等大小
（2）自制一个硬板纸做的模板，在模板中间挖一个圆形的孔，孔的大小是吹好的正常大小的气球刚好不能穿过
（3）白板（预先画上所附表格）、白板笔
（4）秒表

三、操作流程

1. 主要步骤

（1）以小组为单位，每组 4~6 人较为合适，每组选派一位组长。

（2）组长集合在一起，培训师向各组组长一起布置具体任务要求。

· 你们的小组就是一个气球工厂，从培训师这里进货（没有吹过的新气球），如果能生产出符合要求的成品气球（吹起后的气球），通过培训师的检验（不会从模板的孔内掉落），成品就可以销售出去，赚取利润（具体价格参照白板上的表格）。活动的目的是每个工厂尽可能多地盈利。

· 生产时间：2 分钟

· 不能用任何辅助工具。

· 一次性进货，如果 2 分钟内发现气球不够，不能补货；如果有多余的也不能退。

· 如果进的货中有残次品，不能调换，各组承担随机损失。

· 模板只有一个，在培训师那里，在讨论期间学员可以上来观察，但不能拿回自己的组内。

· 如果学员提出要求查看原材料气球，需要按进货金额购买，计入成本，合格品可以销售，但每组最多一个。如果为了降低难度，提升计划的准确度，也可以每人发一个，但在开始前销毁，不能出售（培训师不主动提出，但一定要考虑对所有学员的公平性）。

· 组长明确任务后回去与组员商量，10 分钟后达成一致决定，在小纸条内写下需要进货的数量，交给培训师。

· 按照各组采购的数量发货，并在白板表格上记录。

· 开始计时，在 2 分钟后叫停，所有人停止动作，包括完成一半的气球也不能再继续。

·培训师利用模板，检验每组的合格品，合格品数量记录在表格里（如表 5-1 所示）。

·计算各组的最终盈利。

表 5-1　合格品记录表

	第一组	第二组	第三组	第四组
进货价	\multicolumn{4}{c}{2 元 / 个}			
进货数量（个）				
进货总成本（元）				
成品价	\multicolumn{4}{c}{5 元 / 个}			
合格品数量（个）				
销售总价（元）				
利润（元）				

四、关键环节

1. 分组进行，一般 4 组左右，每组 4~6 人比较合适。每组的人数相同，如果可能的话各组男女比例相对接近。如果多出学员，可以作为助教或者观察者，在总结的时候请他们一起发言。

2. 人数相同是为了保证活动的公平性，男女比例相近是为了观察是否在活动中体现了分工合作，例如肺活量大的人负责吹气球，手灵巧的人负责打结。这不需要在活动中告知学员，只要培训师尽量安排就可以了。

3. 表格内的进货和成品价格仅供参考，可以按照实际情况调整价格。如果需要增加趣味性，可以用游戏钱币等。

4. 如果活动是放在管理类的课程内进行，可以按照之前的步骤单独布置任务给组长，让组长回小组后传递任务给组员；如果不是放在管理类的课程内或者只是一个单独的活动，培训师可以直接向所有学员布置任务。

5. 如果小组内学员有上下级关系，不建议特地请真实的领导担任组长，随机选定效果更好。

6. 布置任务后需要询问学员是否有疑问，并逐个回答澄清。有组长的只回答组长的提问，不与其他组员直接沟通；面对所有学员的，可以回答所有学员的问题，有共性的统一特别强调。

7. 每组协商后确认的进货数量，写在小纸条上给培训师，因为如果是直接讲的话，相互之间会有影响，不利于每个小组的各自考量。

8. 在按数量发放气球后，大家都不能触摸，等培训师说开始后才能接触；2分钟后，需要强调所有人举起手来，十指张开，不能再有任何操作，没有打结的气球只能放掉。2分钟期间，可以在60秒、90秒的时候提醒所有学员。

9. 活动回顾时，可以得出不同的结论，就课程中想要阐述的理论点，如果学员在总结时提及的，记录在白板上；没有提及的可以通过启发式提问引导学员思考。

五、参考话术

活动中：

1. 每个组我们选派一个组长，大家一起指向一个人，得票最多的就是组长了。

2. 我们随机选一个组长，大家生日排行（月与日）是老大（老二……）的就是组长了。

3. 现在每个组就是一个气球工厂，你们开工厂的目的当然就是争取最大的盈利了，让我们一起看看你们的工厂怎么进货、生产和销售的。

4. 大家提出的……这个问题比较集中，我再统一阐明一下……

5. 开始……过了 60 秒了……还有 30 秒……停，所有人举起手来，张开十指，还没打结的气球只能放了，是不是不舍得啊，但时间到了，我们只能遵守规则了，放了吧……

6. 我们一起来计算一下，哪个组的盈利最多。当然盈利是活动的目的，但我们更重要的是回顾一下过程中发生了什么，对我们有什么启迪。

活动回顾（某些话术只适合有组长的活动，可以作取舍）：

1. 我们先请盈利最多（或最少）的组回顾一下你们整个活动过程的收获和经验教训。

2. 如果可以重新做一次，你会做哪些改进？

3. 观察者观察到了什么？

4. 组长接受任务回来后是怎么与你们布置任务的？怎么沟通的？

5. 在之前的 10 分钟讨论时间内，你们小组做了哪些讨论？

6. 你们的采购数量是依据什么提出的？

7. 活动的过程中，每个人承担的任务都一样吗？

8. 是否发现每个组员的能力是不一样的（有人擅长吹气球，有人手巧擅长打结）？是否有意识分工合作还是每个人只专注自己要生产的气球并没有关注到其他人那里发生了什么？为什么？

9. 作为一个管理者——组长——气球工厂的厂长，你认为你在整个活动中起到了什么作用？

10. 作为一名气球工厂的员工，你感觉你们的厂长在各个环节中起到了什么作用？有哪些地方做得好？哪些地方需要改善的？你的整体感受如何？

11. 整个过程中你们的协作体现在哪里？每个人的长处是否被注意到，并被肯定和合理利用了？

12. 所以，作为一个管理者，就像去管理一个气球工厂一样，管理的职责到底是什么？

13. 这对于你们今后的实际工作有什么启迪？

六、关联知识——管理的四大基本职能

这部分的关联知识适合有组长的小组活动，组长在活动中担任了管理者的角色；所有学员在实际工作中都是带团队的管理者，特别适合新晋升的一线管理者。

管理——与人们共同以及通过其他人有效率地和有效益地完成活动的过程。

管理者在一定的环境条件下，对组织所拥有的资源（人力、财力、物力和信息等各项资源）进行计划、组织、领导和控制，以有效地实现组织目标的过程。

特别是作为一线管理者，你以前肯定是个优秀的个人贡献者，有着高超的业务能力、令人欣赏的工作态度或良好的人际关系，也正是因为这些优良特质，让你脱颖而出，得以晋升。但是原来那些让你晋升为管理者的特质正妨碍你成为一个好的管理者，管理团队后的你并不需要像以往一样单打独斗，独自承担大部分的绩效目标，而是需要带领你的团队共同去完成团队目标并不断提升下属的能力与意愿，你需要管理自我、管理团队、管理业务。而计划、组织、领导和控制是管理的四大基本职能（如图 5-1 所示）。

如果课程中只着重讲到某一个管理职能，可以不用全部展开，只需要有目的地引领到想要展开的部分就可以。

确立目标制定计划和程序

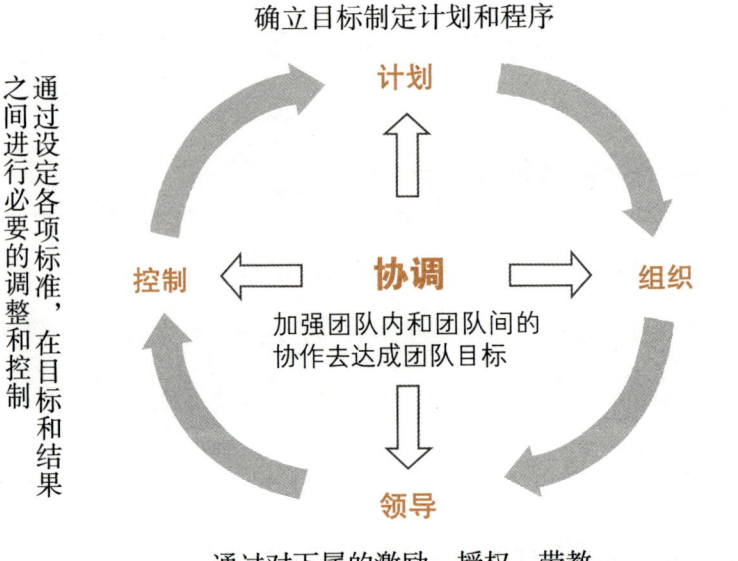

计划

↑

控制 ← 协调 → 组织

加强团队内和团队间的
协作去达成团队目标

↓

领导

通过设定各项标准，在目标和结果之间进行必要的调整和控制

建立一个有效的组织去完成企业目标以及资源配置

通过对下属的激励、授权、带教、辅导等领导方式去达成绩效目标

图 5-1　管理的四大基本职能

1. 计划职能

要求管理者拟订组织愿景和使命、分析内外环境、确定组织目标等等。具体来说，就是要求管理者能够根据组织目标，提出组织前进的方向和方法，能够根据现有的资源，抓住外部的机会和规避外部的风险，最终的表现为拟定一套中长期的工作方案和预案。

在"气球工厂"活动中组长是否带领小组成员群策群力做出合适的计划。在计划的过程中组长需要将接受的目标传递给小组成员，并且了解各个团队成员的能力、困惑，听取大家的建议，共同分析在有限的时间内，怎么平衡成本与效益，从而做出合适的计划——进货数量。

2. 组织职能

管理者根据目标搭建组织框架、分配任务资源、明确权利义务等。具体表现为，管理者要根据目标将计划分配落实到人，决定好由哪些人负责完成哪部分计划，他们之间的关系是什么？权利义务有哪些？如何相互协调和配合等问题。

在气球工厂的活动中，组长是否预先尽可能了解各人的能力，按照计划分配相应的任务给组员，同时考虑到各人的强项与弱项（吹气球、打结、控制质量等），共同协作，取长补短，按计划、按质量组织大家共同完成既定目标。

3. 领导职能

要求管理者指引目标方向、激励员工士气、打造企业文化等。具体表现为，管理者要协调组织之间的矛盾和关系，协调计划与实际之间的矛盾，协调上级和下属之间的关系，还要指导组织成员开展工作，不断激励和鼓励员工等。

在"气球工厂"活动中组长是否以身作则，在整个过程中鼓励大家提出建议并参与活动，表扬大家的努力，肯定取得的成果，并在团队一旦有分歧或矛盾时起到了协调整体团队的作用。

4. 控制职能

要求管理者纠偏组织行为、控制内外风险、收集信息反馈等……具体表现为，管理者在拟定计划的同时，要建立一套控制机制，定期考察计划的落实情况，及时纠正错误行为。同时也要依据不断收集到的信息，确保计划仍然有效，比如现在的环境是否与制定计划时一样，如果环境变了，计划本身是不是也需要修正等问题。

在"气球工厂"活动中，组长是否有意识地提醒大家控制产品的合格率，如果观察到不合格时会有意识提出。组长也可以委托给相应的团队成员去负责品控的问题，但控制是组长心目中绝对需要关注的一个方面。

七、关联知识——团队角色

每一个团队成员都有双重角色——职能角色与团队角色。

职能角色——工作岗位赋予的，有职能特征的外在的"任务型"角色（例如：前台、人事招聘专员、销售经理等）。

团队角色——在团队合作中，由于个人的性格、气质的不同体现出来的长期、稳定、内在的"协作型"角色（不同翻译版本角色名称会有出入，请自行参照贝尔宾团队的九种角色，角色没有好坏，只有各自的特征）。

1. 合理搭配角色
- 职能角色与团队角色要统一
- 角色搭配要齐全

2. 组件互补性团队
- 容忍短处，用人所长
- 尊重差异，实现互补
- 增强弹性，主动补位

在"气球工厂"互动中，大家的职能角色因为活动设定比较简单，所以并没有体现出不同的职能角色（最多只能看到管理者与下属员工），但实际上在活动中大家自然表露出来的团队角色是不同的。如果课堂内是一个彼此熟悉的小组，那么大家对彼此的团队角色也是可以有预计的。所以在简单的活动中，如果有意识的，大家都可以承担更符合自己团队角色的部分任务，共同协作，更高质量地完成任务。

希望之塔

陈昕

一、基本信息（如图 5-2 所示）

1. 游戏名称：希望之塔

2. 游戏目标：团队创新、团队配合、目标把握

3. 预计时长：20 分钟

4. 建议人数：10 人以上

5. 所需物料：学员分组，每组崭新扑克牌一份

6. 游戏任务

所有学员分组，每组人员 2~6 人，在不借助其他任何外来工具的情况下，每组利用 54 张扑克牌，在 10 分钟内搭一座希望之塔，并按照评分要求得到塔的最终得分。

7. 评分要求

（1）塔成型后，要求稳固，结实。5 层以上方可得基础分 30 分，每加一层多得 5 分，层数越多，得分越多；5 层以下为 0 分（不允许直接叠放 54 张扑克牌）。

（2）计分时间为 10 分钟结束后，统一计分。如果计分时间前塔塌陷，

以留在桌面上的层数为准。

（3）团队成员全体参加，协调合作；组与组之间保持独立，不得越组讨论。

图 5-2　游戏"希望之塔"

二、操作流程

1. 培训师向所有人员宣布游戏任务，并展示评分规则。

2. 培训师强调：在游戏过程中，学员可以向讲师提问，方式为举手示意，讲师独立作答。

3. 培训师将扑克牌发给每个小组，宣布游戏开始，计时开始。

4. 10分钟计时时间结束时，讲师宣布所有学员的手离开桌面，统一统计分数，并排名。

5. 设定有趣味的奖惩原则，游戏结束后兑现奖惩承诺。

三、游戏复盘思考

请每个小组就以下问题，展开讨论（也可以根据课程内容选取其中几个问题）。

1. 这个游戏的考核目标是什么？怎样才可以得到更高的分数？

2. 在建塔前，团队小组有统一的执行方案吗？方案是什么？

3. 在建塔的过程中，每位团队成员的角色和任务是什么？

4. 整个建塔过程中，小组成员有没有出现意见不统一，需要展开讨论的问题？是怎么解决的？

5. 在这个游戏中，你们可以总结出什么经验和教训？如果重新再做一次，会有什么不一样的表现？

四、游戏关联知识讲解

1. 设定共同的团队目标及清晰的行动任务

游戏评分标准中提出："5层以上的塔才可以得到基础分30分，5层以下为0分。"因此，塔建到5层是一个关键的得分"门槛"，否则团队比分将为0分，和其他组拉开至少30分的差距。所以，这个游戏的一级目标不是"搭一座塔"，而是"搭建一座5层以上的塔"！

"方向比努力更重要"，清晰明确的目标是完成团队任务最重要的前提。它可以帮助团队成员明白团队的现状和未来的努力方向。事实上，你可能会吃惊地发现：很多人甚至不知道他们究竟为什么工作，更不知道他的团队在干什么。在执行某项工作任务时，尽管有的人很努力，但如果选择了错误的方向，努力只会让你在错误的方向上越走越远。

在这个游戏中，经常会碰到学员五六分钟就建好了塔，急着问老师："我们可以加分吗？"还有学员很自信地说："我们的塔最高，肯定分数最高！"这些都是没有分析目标的行为表现。在时间压力下，不少学员拿到扑克牌的第一反应就是急于动手，直到游戏结束了，甚至不知道"低于5层，分数为0分"的基本原则；也不知道考核这个游戏得分高低的指标不是速度，不是高度，也不是塔的美观度，就是"层数"！

2. 创新思维的实现与资源优化策略

游戏评分标准中提出："层数越多，得分越多。"看似没有上限，但事实上一副扑克牌只有54张，这里的牌就像我们完成一个工作项目中的"资源"，资源常常是有限的。同时，塔越高，稳定性会较大概率下降，一座塔如果需要搭建得非常稳，根基结构应该更大更稳，用的砖也会较多。

因此，团队需要讨论：

（1）如何将每一张扑克牌的形状变换成稳而不高的塔砖？

（2）如何分配54张扑克牌？

在培训现场，我见过有学员全组一直努力把牌堆成三角形，再往上叠。事实上，由于牌面的摩擦力非常小，牌的形式不变化，是没有办法成功的。但他们可能忘了：牌不但可以折叠，还可以被撕成小块重新组合。

比较可行的方法有以下几种：牌的形式被折叠变换成如图5-3所示。还可以手工撕开，交错搭建成一座塔，如图5-4所示。

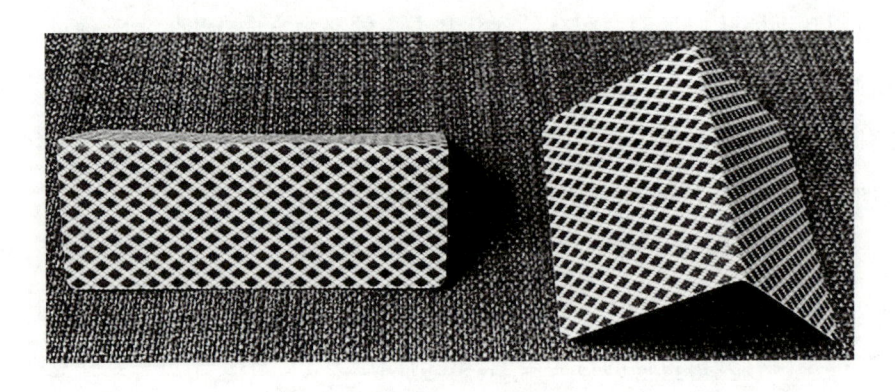

图 5-3　牌的折叠

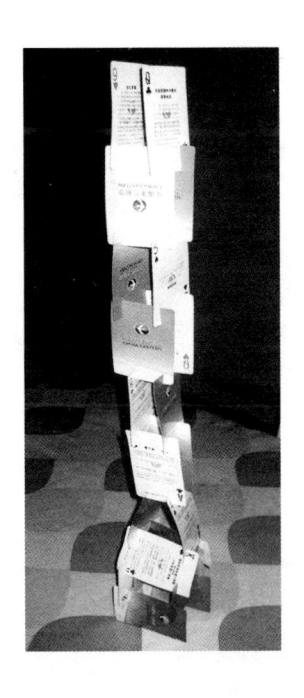

图 5-4　牌塔

课堂最好的一次游戏成果，出现在某商业银行的后备管理人员集训班上。这个小组经过讨论，把每张扑克牌变换成了非常稳固的新形式（如图 5-5 所示）。他们还分析了 54 张扑克牌的最佳分配方式，决定了每一层大致需要的牌数。最后交付的塔又稳定，层数又多（如图 5-6 所示）。最值得肯定的是，他们把 54 张扑克牌全部用完！资源得到了充分利用。

图 5-5　稳固的新形势

图 5-6　多层牌塔

创新思维的最大障碍，是改变固有思维模式，在一定程度上打破传统解决问题的方式，并行之有效。我们每个人由于出生的环境，成长经历不同，固有的思维模式已经形成，特别是在一个安全感较足的环境里，人的惰性会本能地阻碍我们去尝试新的挑战，尤其是那些有可能面临失败的挑战。

在游戏现场复盘回顾时，我常常跟学员分享：游戏规则中跟大家有说明，"如果有问题，你们可以随时问老师"。当你举手问老师：牌可以被折叠吗？老师答复："不可以！"你损失的只是被拒绝后那份所谓的"面子"。但若老师答复："可以！"你就多了无数种改变现状的可能。很多时候，无论在生活还是工作中，我们缺少的除了改变固有思维模式的思路，更多的是敢于挑战风险的勇气。

3. 创新的业务模式，一定要尊重规则

关于创新，大家各有见解，许多人深以为然的创新模式是颠覆所有传统观念，甚至打破一切规则，我行我素。

今天，市场竞争模式发生了巨大变化，"优胜劣汰，物竞天择"。但我们一定要了解的是，创新的目的是什么？零售模式的创新便利了客户，管理创新提高了工作效率，服务创新优化了客户体验。总而言之，创新是为了用更好的方式，把不合时宜的因素进行改造，从而让这个时代乃至未来变得更好。

因此，创新一定是需要在规则范围内，在这个过程中，制定公平透明的市场规则，保护知识产权，建立良好的投融资氛围，明确行业规则与底线，更加显得重要。

正如在这个游戏中，凡是举手问过老师"牌是否可以变换形状？"，得到许可后，游戏继续，小组分值完全有效；如果没经过允许，随意变更牌形状的，我会在游戏复盘时告知学员：你们的成果是有风险的。得到组织上级特别是监管部门允许的创新举措，你可以放心大胆地继续实施，否则，不但有风险，甚至关乎企业的成败生存。

五、游戏实操建议

1. 这个游戏中,是否清晰了解游戏规则是一个重要环节。不少学员只关注行动而没有目标,这一点正是工作行为的一个反射。

所以,建议培训师将游戏规则提前在 PPT 上清晰展示,并预先告知学员:规则仅展示于游戏开始前,游戏开始后,再无任何干扰及提示。事实上,日常的工作生活乃至市场竞争中,情境正如此,并不会一直有人监督、辅导我们对目标的持续把握。

2. 游戏结束后,可以邀请最优秀的小组分享他们的经验。如果时间允许,也可以请每个组结合游戏关键点分享 1~2 点。

我印象里最有趣的一次学员分享是在一次外企培训中,一名男学员说在最后计分前,他们小组的塔倒了,他感觉是有人推了他们小组的桌子。他怀疑是后面一小组,但经过观察,没有发现"嫌疑人",也没有证据。全班同学哄堂大笑,最后得出的结论是:商业竞争中,团队成果亦需要策略保护。

所以,小游戏,大道理,每个游戏甚至会带来大家意想不到的发现和成长。

救生船上的领导力

梅霖

一、基本信息

1. 游戏/活动名称：救生船上的领导力
2. 预计时间：60~90 分钟
3. 建议人数：20 ~ 40 人

二、前期准备

1. 场地要求：按照鱼骨状桌型布置培训教室
2. 相关材料：
   （1）人物介绍 1 套/桌
   （2）翻纸板 1 块/组
   （3）Blue Stick 胶 1 条/组
   （4）白板笔若干

三、操作流程

1. 将学员分组，以每桌 4～6 人为宜。理论上小组数量不限，但为达到最佳讨论效果，一般一名培训师引导 4 或 5 桌学员。

2. 介绍活动背景：你搭乘一艘邮轮度假，但遭遇火灾。好在没有人员伤亡，大家都被安全地疏散到不同的救生船上。于是，你们需要在自己的救生船上选出一位领导者带领船员逃生。现在，有 5 个人都自告奋勇愿意承担这一重任。请你们小组为这 5 位候选人排序，并给出小组一致认可的结果。

3. 分发 5 位候选人介绍，每桌 1 套：我将这 5 人的介绍提供给每个小组。你们将用 30 分钟阅读并讨论决定。请注意，本活动并没有标准答案。所以，请不要使用简单的表决（少数服从多数）方式。希望大家排序的时候思考为何你们如此排序？每位候选人身上有何独特之处能胜任（或者不能胜任）这样的领导者角色？

4. 投影屏幕显示倒计时 30 分钟。学员讨论期间，培训师可穿梭于小组之间，确保每组进度及所有学员的参与。

5. 讨论完毕。每组用 Blue Stick 胶将排序结果贴于翻纸板，并派代表向其他小组陈述排序结果及原因。

6. 高阶版变通操作：在 30 分钟学员讨论完毕后，采用"世界咖啡"形式分享结果：现在，请每组选择一位代表稍后向其他组员汇报你们的讨论结果。每组其他组员请起立，顺时针/逆时针移步到隔壁小组。每轮分享 5 分钟。

四、培训师点评

1. 请回忆刚才的游戏。你们小组是如何进行 5 位领导者排序的？

说明：培训师邀请代表小组简单介绍游戏讨论决策过程。

2. 试想，今天公司计划启动一个项目，并招聘一位项目领导者，你们会如何做？会不会先确认这位领导者所需要的技能、特质、经验，再察看候选人的匹配程度？

说明：大部分小组会发现，由于未能事先就"适合的领导者"要求达成一致，导致小组决策流程效率低，意见难于统一。人们普遍不按照常识来做事（Common sense is not common practice.）。

3. 接下来，我们再聊聊领导力。请问，在刚才的讨论中，你们是在找一位"领导者"，还是一位"开船的人"？在这个场景中，一位优秀的领导者应该需要哪些技能？

说明：培训师可以邀请每个小组用3分钟讨论，给出三个重要技能。

4. 我们都知道，仅靠技能无法造就一名领导者。在游戏的场景中，优秀领导者还需要哪些特质呢？

说明：培训师邀请每个小组用3分钟讨论，给出三个重要特质，如细心、坚韧、善于反思……

说明：如果时间允许，培训师可以适当向学员介绍领导力特质理论。

5. 在讨论决策的时候，你们小组是否考虑到每位候选人性格上的缺点？有没有哪些缺点是不可接受的？我们应该如何面对缺点？

说明：培训师向学员指出，性格上的优缺点犹如一个硬币的两面——缺点往往是优点走过了头导致。比如，果断与武断，其本质都是"在信息未充分的情况下迅速决定"。但人们往往以成败论英雄：领导者的决策导致正面结果则称其果断，否则即称其武断。因此，优秀的领导者懂得发挥自己的优点，并且"管理"而非"改正"缺点。因为事实上人们无法"改正"性格上的缺点。即便真的改正了缺点，则可能把优点也一并抹去。

6. 领导者应该是一名"受人欢迎"的人吗？为什么？

说明：培训师也可以向大家指出，领导力大师们对此也有不同的看法。

《领导力》（The Leadership Challenge）一书的作者库泽斯与波斯纳做的调查显示：如果人们喜欢他们的经理，他们的绩效会更高，对组织的满意度也会更高。所以，领导者应该想要被喜欢。

但是，彼得德鲁克却说：一个卓有成效的领导者不是被热爱或者被仰慕的人，而是其能让追随者做正确事情的人。广受欢迎并不是领导力，创造成果才是领导力。

说明：培训师就以上观点征询学员的意见，你们更认同那种说法？

7. 相信大家同意，领导者必须获取被领导者的信任。是什么让你信任小组选择出的领导者？

说明：一部分学员会声称，由于候选人的过往经历而让人感到可信。另一些学员会因为候选人的某些品格特质而信任他/她。

培训师指出，"可信的"在英语中有两个不同的词可以表示，如 Credible 和 Reliable。Credible（可信赖的）经常以过往成就和业绩为基础。如果某人先前未展示出这些能力，自然无法让人信赖。而 Reliable（可信任的）则以品格特质为基础。人们信任此人因为其真实。作为优秀的领导者，不仅要 Credible，也要 Reliable。

8. 试想一下，如果将游戏背景稍做改变：周末，你与好友们租了一艘小型船只，在西湖游玩。现在需要一名领导者，你们的选择会与刚才讨论结果一样吗？

说明：绝大部分学员会做出不同选择。培训师可以指出，不存在一成不变 (One-size-fits-all) 的"最佳领导力"。如果你只有一把榔头，那就会把所有问题当作钉子。不同的情境与对象需要不同的领导力。一位优秀领导者会灵活运用自己不同的领导风格应对各种挑战。

培训师可以向学员解释保罗赫赛与肯布兰查提出的"情境领导"（Situational Leadership）概念。

9. 最后，我们该如何定义领导力？

说明：培训师让学员用自己的话定义领导力。

领导力就像美，它难以定义，但当你看到时，你就知道。

——沃伦·班尼斯（Warren Bennis）

关于视觉引导，有两个想法：

一是可以画一群人在小组讨论，上面漂浮着一些关于优秀领导者的讨论；

二是更简单的讨论——好的领导者。

姓名：Rosa
性别：女
年龄：33 岁
职业：公司产品经理

我的技能

1. 我懂好几种语言——这样的话，如果我们碰到外国船只，就比较好跟别人沟通。

2. 组织技能——我能很清楚地看到问题的核心，以及推动事情进展的要素。

3. 领导力和公众演讲——适合向大家解释该做什么及其原因，并且让人们付诸行动。

4. 营养学的知识——在野外生存的时候或许有用。

5. 会唱很多脍炙人口的歌曲。

6. 掌握一些手工技巧比如缝纫、装饰等。

我的性格

作为一名产品经理，我的技能或许不多，但我认为我拥有在危机状况下需要的良好性格。我能承受压力，区分问题并用清醒的头脑解决它们。事实上，越是在这样的状况下，我越能找到潜在的资源。

即便在压力下，我仍能维持镇定的状态——因为在工作中我每天都会面对它。我习惯与人相处，并在本能指引下跟人谈话或者保持沉默。

我善于倾听他人的想法，也从不迟疑表达自己的看法。我能遵从大部分的意见。在感到自己正确的时候，我也会让大家注意到我的建议——至少，可以用于以后的决定。

我愿意承担任何工作，即使我不确定能干好。

我有很好的体力，也能看到事物的积极面。我能够控制自己的脾气。比起担任领导角色来说，我对支持大家更感兴趣。

同事的评论

与 Rosa 接触的第一感觉是，她非常高，衣着讲究，特别外向，善于与人打交道，且具有一定的幽默感。

她是个非常聪明的女性，在语言方面有天赋。可能由于在不同地方工作或生活过，她比较通情达理。Rosa 是那种对于挑战毫不畏惧的人，她无论在情绪和精神上都很强大，是那种在危机下可以变得刚强的人。

Rosa 绝对是一个很好的沟通者。她有着刚毅的性格，曾经跟各种人打过交道。甚至在男性面前，她也能显出强硬的姿态来。

她拥有很多朋友，喜欢小猫。Rosa 是一位热情、忠实的朋友。

第五章
体验管理与领导力

> 姓名：Linda
> 性别：女
> 年龄：35 岁
> 职业：心理咨询医生

我的技能

事实上，我是一名精神分析医生，我在获得执照后的几年内一直从事这份工作。因此，我有着充足的医疗技能。

此外，我会跟先生一起划船。

我喜欢户外活动，常常花很多空闲时间在湖区散步行走。

我有过很多野营的经历，因此我能够适应简单的生活，也善用任何找得到的食物准备饭菜。因为我生活在一个大家庭，我总能为大伙搞定每顿饭。哦，对了，我还会钓鱼。

我的性格

我能够在危机下迅速思考并且行动，回应人们的需求。比如，我会让孩子们开心地活动起来，这样他们就不会过于关注危险。

我觉得朋友和家人是很重要的。我花时间写信、打电话或者看望他们，尤其是那些年长者。

我喜欢跟人们相处，但也需要独处的空间。我比较外向，擅长社交。不过，当与他人想法不一致时，我有时会比较固执。我对反应慢或者无聊的人没太多耐心。我喜欢挑战型的事情。为了不让生活无趣，我不断寻求下一个挑战。

我喜欢找乐子，无论是朋友、生活，还是任何事情。我总是看到有趣的部分。我的情绪变化很快，并且我不喜欢记仇。

亲戚的评价

Linda 是一位关切身边人的女性。她有一定的幽默感和智慧，并且非常热情。作为一名心理咨询医生，她能给人带来积极，同时又能全身心地聆听你的问题。她对别人的问题很敏感，也会对自己无法解决他人问题感到自责。

她很在意生活品质，却又不物质化。她全身心投入那些甚至高于她生活标准的事情中去。如果做错什么，Linda 会非常难受。她会对别人像对自己那般严苛。

姓名：Rebecca
性别：女
年龄：35 岁
职业：野生动物看护人

我的技能

我的专业是生物学，曾经担任过学校的自然课老师。目前，我是野生动物基金会的雇员。

我相信我的一些技能会帮助我在船上担任好领导角色。现将这些技能列举如下：

1. 我是一名合格的航行指导员，对航海了如指掌。我能阅读地图，身体强健。

2. 具备野外生存技能，能帮助大家在口粮用完的状况下生存下来。

3. 尽管我并非专业医疗人员，但有紧急救援知识，并且也懂得人体生物学。

4. 能用英语和法语写瓶中信。还懂得旗语，能用火把打出 S.O.S. 求救信号。

5. 有坚忍的意志，也懂得生活乐趣，这让我在西北非和巴布亚新几内亚旅行的时候非常适应。

6. 如果救生船到达了无名小岛，我有带领大家生存的能力。我懂得识别哪些植物可以食用。

我的性格

我是个有趣的人。我喜欢探险。我认为我热情，随和，为人慷慨。我跟大部分人能很好地相处，而且我很合群。有时候，我有一点点古怪。我无法容忍自大、自私和大男子主义。但我一般都很有耐心，愿意帮助人。

诚恳地说，我可能有一点点势利。我喜欢跟人聊天，喝上一小杯，吃点好东西。我也乐意跟聪明人对话。我认为，大部分我认识的人会愿意跟我一起待在船上。

朋友的评价

由于 Rebecca 的技能和性格，她无疑会出现在获救名单上的第一个。她超级喜欢在假期的日子去航行——如果现在是 19 世纪，或许她会成为第一个发现新大陆的女子。

她的性格随和，很容易激励身边的人。当然，面对这样的危机，或许她坚强的外表也不能掩饰内心的绝望。

当小船被巨浪像火柴盒般撕碎，别说 Rebecca 了，任何人都不敢保证自己会有什么反应。我只能跟你说，过去跟她一起飞行的经历告诉我，如果没有一瓶威士忌让她时不时喝上两口，那么 Rebecca 所有的技能都无法发挥了。

姓名：Sean
性别：男
年龄：55 岁
职业：民航驾驶员

我的技能

主要爱好：航海。因此，我精通导航和帆船知识，是救生船上的最佳人选。

我的性格

我无法容忍愚蠢的人。不过，我跟大部分人关系融洽，我也认为我胜任这样的危机领导工作。

我的雇主花了很多钱训练我，并让我通过一个个测试，以便确保我能在别人接受我之前先跟他们相处好。我喜欢开船，也自认是这方面的专家了。我认为我具有领导、授权、导航等技能，也能让别人舒服。这样，我一定是救生船上有用的人了。

妻子的评价

Sean 拥有坚毅和果断的性格，让他在人群中成为一名天生的领导者。无论是在空中还是大海上，他都能识别方向。

他会用逻辑来分析问题，你不要期望他对别人能有任何情感上的支持。他压根不会注意到别人情绪上的波动。

如果你寻求他的帮助，Sean 会乐意付出他的时间，对你也会很友善。我绝对愿意在这种紧要关头依赖他。你知道，这样的人能让你增强信心。我只希望，船上没有怪脾气或者受伤的成员——这些人可能很快会被抛到大海里。

Sean 是个外向的人，也会向周围散发外向的能量。他绝对理性至上——是救生船上的好料。

姓名：Peter
性别：男
年龄：48 岁
职业：培训经理

我的技能

教育：海军学院 毕业

证书：

美国 FCC 注册通讯执照（信号和摩斯代码）

第五章
体验管理与领导力

美国 FCC 无线电和电器证书

培训和发展文凭

工作职责：

招聘，发展员工，提升业绩

个人背景：

8 年皇家海军，3 年潜艇服役

我的性格

爱好/运动：壁球、板球、橄榄球、DIY。

我平时喜欢跟自己的三个孩子在一起玩。我跟前妻还有两个孩子。我对工作比较积极，因为我会面对各种各样的人。

我是个运动爱好者，喜欢各种体育比赛。我的哲学是：努力工作，放松去玩。

我曾在潜艇服役过，这让我能很快地适应各类环境。一般情况下我喜欢开玩笑，也很放松，但在危机下我会警惕起来。我说话很直，也是个很好的聆听者。大多数情况下我对人都比较有耐心，但是有点受不了太傻的人——人都会犯错，但不能一直犯同样的错误。

上司的评价

Peter 是一个非常自信、积极和有条理的人。他讲道理，而且，以我的理解，他比我认识的任何人都更能把事情搞定。他有点挑剔，而且期望别人都跟他一样有能力。有时候，他觉得人家没做好，就想亲自来干（对我经常如此！）。作为一个诚实的人，Peter 值得依靠和信赖——况且他还有强健的体魄。

作者简介

梅霖

梅霖先生是一名拥有近二十年从业经验的资深培训师与辅导教练。他的客户主要来自互联网、医药保健、地产、汽车、信息技术、金融、快速消费品等行业的跨国公司及大型国有企业。

梅霖先生认为成人的学习最主要途径是自我探索，而培训师的角色是促发学员思考。因此，他采用互动性很强的沙盘活动、小组讨论、案例演练等方式结合工作坊帮助学员向自我及他人学习。梅霖先生曾接受过柯氏培训四级评估认证，能通过相关途径帮助提升学习有效性，从而对业务产生贡献。

梅霖先生是中国最早的盖洛普优势认证教练之一，同时也是畅销书《赢：无处不用的谈判术》的作者。

天南地北

孟祥瑞

一、基本信息

1. 游戏目标：减少沟通中的冲突，避免因基础认知不同导致的理解偏差。提高沟通效率与执行力。

2. 适用范围：领导力、团队协作、组织发展、情绪管理、职业化素养等课题。

3. 设计时长：30 分钟。

4. 适合人数：2~30 人

两人即可组队完成，分别需要兼任多个角色。

最佳为每组 5~6 人。可以分别承担不同角色。

5. 游戏道具：

白板、记号笔、A4 纸、水笔、便签条

7. 活动要求（如图 5-7 所示关键步骤）

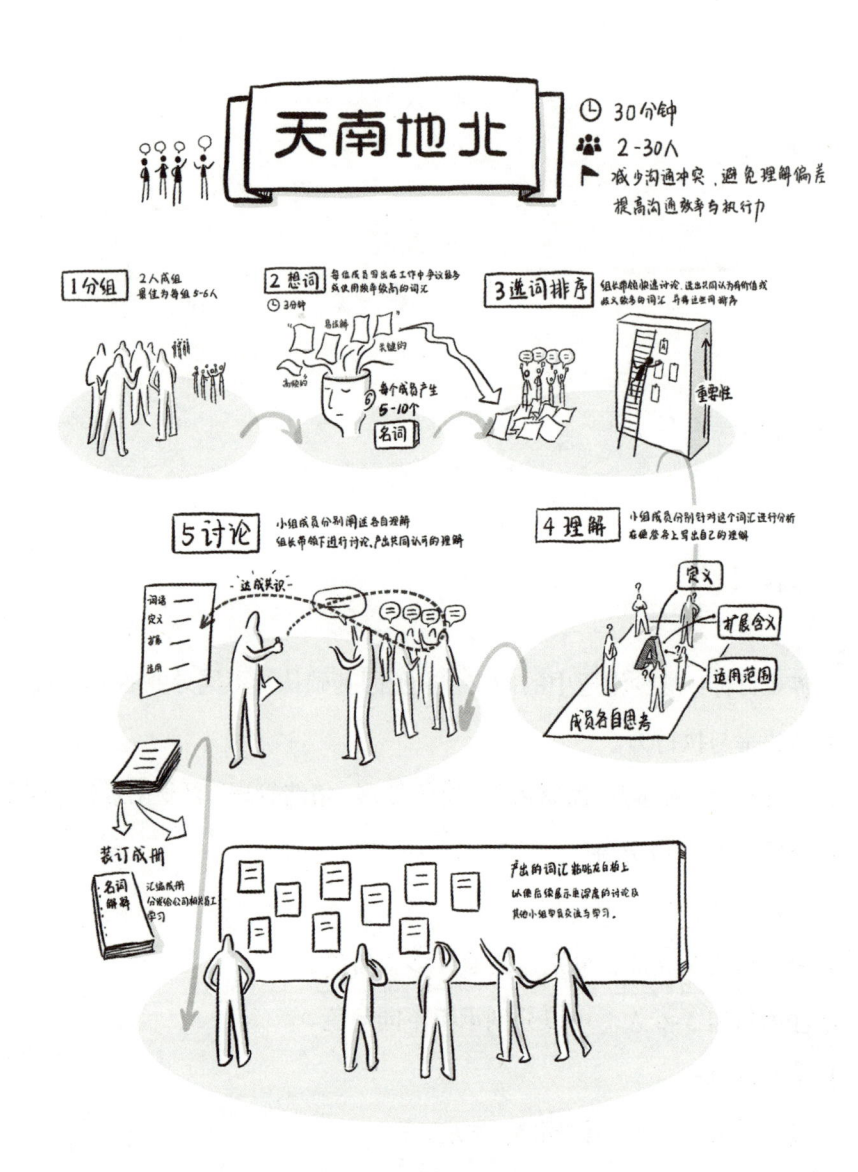

图 5-7 游戏 "天南地北"

二、关键步骤

1. 采用引导方式导出工作中争议较多或使用频率较高的专业词汇等各种

词汇。小组成员每人引出 5~10 个词汇。小组汇总重复率较高，或评估出特别重要的词汇。

2. 针对每个词汇，每人在便签条上写对该词汇的理解。包括定义、延展意识，应用领域等。具体内容可根据实际情景调整。

3. 小组商讨，明确共同认可的理解。

4. 讲共性结果呈现在白板纸上，向全体学员分享。

三、话术

各位员工，我们在日常的工作当中有没有发生过"鸡同鸭讲""牛头不对马嘴""对牛弹琴等"等相关情况，也就是您表达的意思，对方的理解却千差万别，从而导致两人或多人间的沟通产生障碍，沟通效率低下，甚至会产生一些误解，甚至是正常工作无法继续开展的情况？

根据相关分析会发现，这种情况有一部分是因为沟通双方对某一些基础名词或概念的理解不同而导致的冲突。

比如在工作中常见的"管理"两个字。有的人一听到这两个字就理解为：有人要来对自己进行控制，对自己施压。而有的人则理解为：一定出现了很多麻烦问题需要去解决，还有其他很多理解。实际上在工作中如果您问身边人如何理解这个词，你会得到五花八门的答案，甚至上百种答案，而且几乎找不到相同的答案。

还有其他的一些词，因为专业领域不同会产生不同的定义。比如有广义定义、狭义定义等多种维度。

试想，在生活当中大家从小都会要求学习并使用各种成语，但总有人会因为对成语表面意思及衍生意思的理解不同，在使用过程当中闹笑话。

因此，在实际沟通过程当中，因为基础定义的理解偏差而导致的冲突很常见。

那么，我们今天如何解决这种困境就需要全体同仁集思广益，共同开动脑筋即便无法得到完美的答案，也要在我们这个群体当中找到最大公约值。

四、具体操作引导

首先，我们请每一位成员拿出便签条，在每一张便签条上写一个词。这个词是您工作当中使用频率较高，或者是您认为这个词对于工作来说非常重要，有必要拿出来讨论。抑或是您意识到曾经在沟通当中与其他人理解上有偏差的词。

注意，必须是名词，且每张便签条上只写一个词。

时间三分钟。写得越多越好。

接下来，请各位在小组中分享您写的这些词。注意，本环节不做任何展开讨论，只是分享您写的这些词。在组长的带领下大家快速讨论，得出你们小组认为有价值或者歧义较大的词汇。将这些词依据重要性依次递减的顺序进行排序，并贴在一张 A4 纸上。

然后，请按照重要性顺序，拿出最重要的词汇，贴在另外一张 A4 纸的中间。各小组成员分别针对这个词汇进行分析，在自己的便签条上写出你理解的定义，扩展含义及适用范围。（如果时间比较紧，可以只写对该词汇的定义）。小组成员分别阐述各自的理解，并在组长的带领下进行讨论，最后得出大家基本认同的定义及相关扩展概念。将这个小组成员共同认可的答案写在刚刚贴的 A4 纸上。

最后，在导师要求的时间范围内，各小组尽可能多地得出共同认可的词汇定义，将每一张产出 A4 纸粘贴在大白板纸上，以便后续展开更深度地讨论并与其他小组学员交流与学习。

本课程结束以后可以对各小组产出的名词解释汇编成册分发给公司相关员工学习。

五、拓展知识点

组织在成长过程当中，知识的积累非常重要。我们可以从华为、中兴、腾讯等企业发现这一类科技公司的成长过程中都非常注重研发，并将研发成果注册知识产权。对外是保护本公司的研究成果不被别人盗用，也可以借此收取版权费用。对内是建立完整的知识体系，有助于员工快速学习成长。快速胜任相关岗位并与其他员工进行更高效的交流。

知识管理的定义为，在组织中构建一个量化与质化的知识系统，让组织中的资讯与知识，透过获得、创造、分享、整合、记录、存取、更新、创新等过程，不断地回馈到知识系统内，形成永不间断的累积个人与组织的知识成为组织智慧的循环，在企业组织中成为管理与应用的智慧资本，有助于企业做出正确的决策，以适应市场的变迁。一句话概括为：知识管理是对知识、知识创造过程和知识的应用进行规划和管理的活动。

在知识管理过程中，有一个重要的环节就叫作岗位经验萃取。在工作中有大量的工序或工作方法是之前没有明确规定或操作标准的，是基于员工在实际工作当中个人的经历，进行分析、总结后，形成的一定的经验。其本人依靠该经验获得了一定的收益，但这种经验是否可靠？在更复杂的情况下是否依然有用，以及其他员工是否也可以参照此经验进行复制并使用，需要进行实践验证，这也符合科学发展的基本原理。这种被验证过、可复制、可重现的结果，并能够被记录下来的，才可以被称为"知识"。

六、延伸应用

儿童在成长过程中，可以由家长或老师引导，针对名称、成语等进行分析，进而形成明确的记忆。

赶羊

徐德伟

一、基本信息

1. 游戏名称：赶羊
2. 预计时长：15 分钟
3. 建议人数：8 人或不限

二、前期准备

1. 场地要求：空旷场地最好，如果有桌椅，尽可能利用较大的空当位置也可
2. 物料准备：任务书 6 张

三、操作流程

1. 邀请 6 个人扮演小羊，2 个人扮演牧羊人。
2. 在教室里将稍远的一块地方设置为羊圈，6 只小羊分散在教室不同位置。

3. 先请牧羊人到教室外面，告诉他们进入教室后需要把 6 只小羊赶进羊圈里，至于赶羊的方法需要他们摸索。

4. 留在教室里的 6 只小羊会分别得到一张任务单，上面描写着他们各自需要遵循的口令要求，只有当牧羊人说出口令相关的内容，小羊才会进入羊圈。

5. 邀请 2 位牧羊人入场，计时 10 分钟，游戏开始后小羊不说话，牧羊人根据自己的方法将小羊赶进羊圈，数量最多的牧羊人获胜。

6. 游戏过程请其他旁观的学员不要给牧羊人提示，仔细观察，猜猜看每只小羊拿到的任务书上写的指令是什么。

7. 任务单内容如下：1 号羊"你只有听到牧羊人说羊圈里有草、有水，羊圈睡觉很暖和、很安全，你才会去羊圈"；2 号羊"你只有听见牧羊人发出明确、持续的指令，比如'前进 3 步''左转 1 步'等，你才会按照指令一步步走到羊圈，牧羊人指令停下，你也停下"；3 号羊"你只有听到牧羊人夸奖你，而且要具体明确的夸奖比如'眼睛很漂亮''羊毛很柔顺'你才会听话地走进羊圈"；4 号羊"不管牧羊人许诺你什么条件，他都必须兑现实物给你，比如他答应你喝水必须要给你水，答应给你钱必须要给钱，你才会进羊圈"；5 号羊"牧羊人轻轻地拍你的背、温柔地抚摸你，或者拉着你轻声细语你才会进羊圈，如果他推搡拉拽你就往羊圈的反方向跑"；6 号羊"只有当牧羊人拉着你、推着你、拽着你走的时候你才走，牧羊人如果停下来你也停下来"。

四、关键环节

1. 招募志愿者参与时，先不说具体要做什么，可提示大家有 2 个人的任务比较有挑战性，谁愿意参加？最先举手 2 个人即当选为牧羊人，游戏结束可加分更多。

2. 牧羊人在游戏正式开始前，在教室外等候，不用提示他们如何赶羊。

3.6 只羊随机拿到任务单后，先请他们仔细默读指令要求，之后询问他们是否明白自己的任务？请他们把任务单装起来不要给其他人看。

4.5 号羊的任务单指令因为有身体接触，宜发给男生。

5. 赶羊过程中注意观察牧羊人的语言和行为，如果始终不得要领，可在游戏进行5分钟的时候适当给牧羊人一点提示。

6. 除了参与游戏的8个人，其他人作为观察员游戏中途不要起立、走动，也不要给牧羊人任何帮助和提示，可以鼓掌、笑，但不要说话，提醒他们猜猜看小羊的任务单上写了什么指令。

7. 积分可以根据实际培训操作规则自行参考制定，比如牧羊人基础分3分，赶进羊圈里更多小羊的牧羊人再加2分。扮演小羊的每人2分。

五、参考话术

1. 游戏开始：接下来我需要8名志愿者做一个好玩的游戏，有2个人的任务比较有挑战性，当然最后获得的积分也更多，谁愿意尝试看？另外还需要6个人。

2. 谢谢这8位朋友，接下来，我告诉大家这个游戏叫"赶羊"。现在我们有2位牧羊人，6只小羊，那边就是羊圈（教室后面角落的位置），如何赶羊呢？我们先请牧羊人到教室外面去。

3. 将牧羊人带出教室后告诉他们：一会儿会请你们进教室，你们的任务就是把6只小羊分别赶进羊圈里，谁赶进羊圈的小羊多，得到的积分就更多。至于赶羊的方法需要你们自己摸索。特别注意：不可以用暴力、危险的方法。

4. 教室里，将6张任务书分别发给6只小羊：请你们默读任务书上的指令，有任何问题举手示意，我来给你解释。（看完后）大家都清楚自己的指令了吗？好的，那接下来大家可以站在任何地方，离羊圈远一点就好。游戏过程中小羊是不说话的，我们看看牧羊人如何赶羊。

5. 请牧羊人进入教室：接下来你们有 10 分钟时间，请把 6 只小羊赶进羊圈里。

六、关联知识

1. 理论来源

马斯洛认为，人的需要有生理的需要、安全的需要、归属与爱的需要、尊重的需要、自我实现的需要五个等级构成。五种需要是最基本的，与生俱来的，构成不同的等级或水平，并成为激励和指引个体行为的力量。高级需要出现之前，必须先满足低级需要。个体对需要的追求有所不同，有的对自尊的需要超过对爱和归属的需要。

2. 关联游戏

（1）牧羊人通常会想到哪些赶羊的方法？

（2）当一种方法行不通的时候，他是用这种方法去赶其他羊了，还是对着原先那只羊换了新的方法？

（3）牧羊人的状态有没有变化？什么时候开始牧羊人显得很有信心？什么时候开始手足无措？

（4）牧羊人有没有更好的方法可以尽快完成赶羊的任务？

（5）我们平时对员工的激励，是否考虑了他们的需求层次？个体差异？阶段差异？我们是否有效地和员工沟通、了解他们的需求？

3. 关联实际（生活中的应用，工作中的应用）

了解员工的需要是应用需要层次论对员工进行激励的一个重要前提。在不同组织中、不同时期的员工以及组织中不同的员工的需要充满差异性，而且经常变化。因此，管理者应该经常性地用各种方式进行调研，弄清员工未得到满足的需要是什么，然后有针对性地进行激励。

同样的激励手段和措施，针对不同的员工会产生不同的效果，作为经理就需要了解团队成员的不同激励需求，如果经理假设"都知道"，就不会真正地去发掘它们。所以，经理需要与员工建立深度链接，真诚地倾听、提出开放式问题，根据员工心声发现更深的洞悉。

新生代员工的成长环境、教育背景、家庭条件、父母教育观等都形成了他们各自"独特"的价值观和激励需求，比如有一些心理学家扩充马斯洛5层次需求理论；提出在尊重和自我实现之间新增"审美需求"，在新生代员工激励需求中的占比就很高。他们对于有趣、高规格、形式上唯美、养眼的人、事、物都有更多的要求，所以公司写字楼的位置、品牌、办公室装修风格、团建活动的内容形式，甚至领导同事的颜值……都会决定他们在工作中的积极性和投入度。针对他们个人的激励，升职加薪就不是万能的，"个性化"尤为重要。这些都需要我们的管理者与时俱进、用心沟通。

七、执行案例

客户是国内互联网公司某领域的翘楚，员工年轻，管理者更年轻。虽然公司的品牌、文化、制度、环境……都非常符合大部分年轻员工的求职标准，但是年轻的管理者在日常管理员工和激励员工的时候还是遇到很多问题。在与客户沟通培训需求的时候，一方面了解客户公司目前的激励政策和措施，另一方面了解学员的管理经验和水平，这批学员大部分是研发、程序、设计、运营等岗位的管理者，"理工男"偏多，重流程、标准和结果，轻人性、情绪和需求。

设计课程的时候将"赶羊"游戏设计其中，一方面考察年轻管理者的管理手段和意识，另一方面也考虑更好地调动学员的参与性，避免沉闷。

游戏实施过程中，遇到一点挑战：扮演牧羊人的管理者一开始摸不着头绪，没有办法让小羊行动，其中一个牧羊人始终盯着一只小羊絮絮叨叨，百思不得其解。但是观察到现场气氛非常活跃，其他观察员们积极献策，虽然有点违规，但讲师并没有过多干预或者提示。游戏结束时，有3只小羊被成功赶进羊圈。

游戏完成之后，除了常规点评分享外，还邀请学员讨论了结合新生代员工管理的实际问题：毕业1年的新员工、1~3年的员工、3~5年的员工，5~8年的员工以及8年以上的员工（现场一共5组，所以划分为5个工作时段），他们在该职业阶段最主要的工作需求是什么？

通过这个讨论，让管理者对于不同职业阶段的新生代员工工作需求有了一定的认识和了解，提醒他们注意激励的共性和个性需求。作为主管，除了需要把握人性基本的需求之外，还可以通过日常工作观察、多角度沟通、面对面"激励面谈"等方式，了解每个下属的激励需求，才能更好地制定激励措施，因材施教。

八、实操建议

作为正式培训中的一个环节，可以在开场破冰时使用，也可以结合激励理论在课程中间作为互动体验的一部分。

单独作为一个学习活动，可以增加小羊的任务书内容或者难度，结合实际工作中使用的具体的激励措施，比如颁发奖牌、发年终奖、公开表扬等，让牧羊人能结合工作实际去应用激励手段。同时邀请个体分享自己的激励需求和有效激励的感受，分享实用的激励方法。

张冠李戴：提升综合管理能力

王文浩

一、基本信息

1. 目的：帮助学员增强综合管理能力，从多视角审视一些老问题，增加管理层跨部门沟通和凝聚力，感受同理心

2. 时间：1~3 小时（主持人可以根据培训实际需求调整互动内容与要求）
建议人数 8~30 人

3. 内容：分 A 和 B 两个阵营，活动现场根据实际情况也可以分为多队，只要每队场景不同即可

二、游戏规则

游戏开始时，告诉大家今天有机会做同事的替身，要求每位学员在小纸条上完整写下自己的名字、部门、职务，折叠后一起放入抽签盒（没有盒子塑料袋也可以）。每人依次从盒中抽出一张小纸条，从现在起该学员的身份即转为纸条上同事的职位职务，如果抽到自己放回去重新再拿一张。

当抽签结束后，讲师要求该学员用新身份制订出明年的工作计划（也可

以是月计划、季度计划等），制作过程、方式不做限定，在游戏的最后时间用 PPT 在课堂上简单呈现。计划制作人讲述计划后，众学员、更高层领导、讲师给予点评。

三、实操建议

该游戏可以用在目标和计划管理类的培训过程中，不受场地环境的制约，适用范围广。这个游戏首先会帮助培训师自己快速成长，因为在课程前要做很多调研和学习准备，同时在游戏前要提醒学员拓宽思路、百家争鸣，需要举一些内行问题都是外行解决的案例，增强学员的心理建设。

四、执行案例

该游戏在培训中常常可以用到，很有趣的代表案例是某民营企业一次年底培训，该集团企业涉及钢材、房地产、医药、珠宝四个相对跨度较大的行业。由于讲师和人力资源部密切配合并提前认真准备，也因为民营企业对人才综合素养的迫切渴求和集团董事长的理解宽容，希望我用两天时间完成这个互动游戏，要求做实做深，能落到实处，并且给前三名以 10000 元、8000 元和 5000 元的奖励进行激励。

该次年会培训的学员共计 48 人，35 男 13 女，分别是各家下级公司的正副老总和部门经理。培训时我公布了游戏规则和各企业运营的一些基本数据，游戏时间给了整整 20 小时。抽签时有销售经理拿到财务经理的身份，有物流经理拿到行政部门职务的，还有行业互换的，都是错位。一开始我们发现大家都在寻求互联网搜索，然而很快学员发现网上找不到他们需要的内容，于是就开始找熟悉的或原职位的同事请教，课堂气氛马上开始活跃起来。这样积极的氛围一直延续到半夜还有人去敲门进行沟通的，到第二天下午几乎所有人都拿出了完整的新年工作计划。

经过讲师全程观察与学员课程反馈后，通过这个游戏有以下几个主要收获。一是换位思考。原来大家制订工作计划时最看重的是自己部门的发展，而忽视了其他部门流程配合的实际情况和难度，做了这个游戏以后加深了跨部门同理心的认知。当然还有同事们无私的沟通帮助等行为（晚上还出现了自发学习组织），大大增加了组织凝聚力。二是增强自信心。一开始大多数学员认为老师就是布置一个课堂练习，时间用不完，过程中又发现必须得认真沟通研究，到最后呈现计划时信心满满，感受到自身有无穷的延展性。三是为企业多元化的发展培养了综合性人才，大大提升了企业士气。

该游戏认真做还会有很多其他的收获。

chapter 6

第六章

提升团队凝聚力

合作画画

陈一影

一、基本信息

1. 游戏名称：合作画画

2. 预计时长：10~30分钟

3. 建议人数：没有特别限制，一般为10~60人

4. 适用主题：团队合作、团队协作、创新思维、情绪管理、换位思考、信任、沟通技巧、问题分析与解决等

二、前期准备

1. 场地要求：室内，分组，每组有一张桌子，或者每组有一面墙

2. 物料准备：

（1）每组学员1-2张大白纸（通常的尺寸是：889×1194mm）

（2）24色水彩笔、24色油画棒、胶带或美纹胶

三、操作流程

1. 主要步骤：

（1）让学员两两搭档，进行合作。

（2）给每组学员发一张大白纸、24色水彩笔或油画棒、胶带若干。

（3）讲师布置任务："请每组学员在20分钟内根据指定的主题进行创意作画"。

（4）作画规则：

①画画的内容与主题相关，两人共同作画。

②给这幅画取名。

③时间是20分钟。

④具体怎么画，由学员自行商量决定即可。

（5）在20分钟时间内学员们作画。

（6）画完后，让每位学员进行分享。分享内容为：自己的作品名字、内容、创意、构思、创作的过程、自己的心理变化、想对搭档说的话等。

（7）讲师点评：

①对全体学员的表现进行总体评价；

②讲述发现点，即学员作画过程中，讲师观察到的有意思的地方；

③对于主题的感悟、思考，并联系工作与生活。

2. 关键环节——学员作画

作画的要求：和主题相关，两人共同作画。时间是20分钟。具体怎么画，由学员自行商量即可。谁画得多或者画得少，没有要求和限定。作品的形式也没有要求。

四、关联知识

理论来源：团队合作的重要性。

任何团队强调的都是协同工作，所以团队的工作氛围很重要，它直接影响团队的合作能力。没有完美的个人，只有完美的团队。团队中的个人能力取长补短，相互协作，即能造就出一个好的团队，所以才有"三个臭皮匠赛过诸葛亮"之说。在一个团队中，每个成员都有自己的优点缺点。作为团队的一员应该主动去寻找团队成员的优点和积极品质，如果团队的每位成员，都主动去寻找其他成员的积极品质，那么团队的协作就会变得很顺畅，工作效率就会提高。团队精神的最高境界是"不抛弃，不放弃"。

高效团队的特质有：

（1）相互信任

高效团队的一个重要特征就是团队成员之间相互信任。也就是说，团队成员彼此相信各自的品格、个性、特点和工作能力。这种信任可以在团队内部创造高度互信的互动能量，这种信任将使团队成员乐于付出，相信团队的目标并为之付出自己的责任与激情。如果你不相信任何人，你也就不可能接纳任何人。根据团队交往的交互原则，你就不信任别人，别人也就不会信任你；相反，你以坦诚友好的方式待人，对方也往往会以同样的方式待你，那么，结果可想而知。信任是缔造团队向前的动力，同时也是团队成员对自身能力的高度自信。

正是基于这种自信，他才会将自己的信任和支持真正交付给自己的合作对象。所以，若想获得最大的成功，就必须让自己拥有这份自信！

（2）包容成员

团队工作需要成员在一起不断地讨论，如果一个人固执己见，无法听进他人的意见，或无法与他人达成一致，团队的工作就无法进行下去。团队的效率在于配合的默契，如果达不成这种默契，团队合作就不可能成功。为此，对待团队中其他成员时一定要抱着宽容的心态，讨论问题时对事不对人，即使他人犯了错误，也要本着大家共同进步的目标去帮对方改正，而不是一味斥责。同时也要经常检查自己的缺点，如果意识到了自己的缺点，不妨将它坦诚地讲出来，承认自己的缺点，让大家共同帮助你改进，这是最有效的方法。

（3）互相支持

要使自己的工作得到大家的支持和认可，而不是反对，必须让大家喜欢你。但一个人又如何让别人来喜欢你呢？除了在工作中互相支援、互相鼓励外，还应该尽量和大家一起去参加各种活动，或者礼貌地关心一下大家的生活。

（4）保持谦虚

任何人都不喜欢骄傲自大的人，这类人在团队合作中也不会被大家认可。可能你在某个方面比其他人强，但你更应该将自己的注意力放在他人的强项上，只有这样，才能看到自己的缺点。因为团队中的任何一位成员，都有自己的专长，所以必须保持足够的谦虚。

（5）资源共享

团队作为一个整体，需要的是整体的综合能力。不管一个人的能力有多强，如果个人能力没有充分融入团队中，到了一定阶段必定会给整个团队带来致命打击。资源共享作为团队工作中不可缺少的一部分，可以很好地评估团队的凝聚力和团队的协作能力，也是一个团队能力的客观体现。所以，提高团队的资源共享度是可以让团队健康发展，稳定发展的基础。

五、执行案例

1. 意外状况

（1）时间不够。

（2）学员的画画水平不高。

2. 现场调整

（1）如果时间不够，可以让学员们自己尝试的时间稍微缩短一点。或者也可以将学员们按照 6~8 人分组，然后以组为单位来作画。之后的分享可以改成以组为单位来进行。

（2）提前准备好一些道具（如花、叶子等），允许学员直接使用道具粘贴到画纸上。

（3）允许学员使用手机进行搜索。

3. 总结点评

当讲师布置作画的任务时，很多人第一反应是"不会画画""好久没有画画了"。但是大家的成品往往还是不错的吧。所以通过这个游戏，告诉我们：一是勇敢去尝试；二是我们并没有真的很了解我们的同事，需要更多地去发掘大家的特长；三是同时也要信任我们自己和团队的潜力；四是我们拥有无限的潜能，只是需要互相激发。

六、实操建议

1.作为正式培训中的一个环节，可以作为团队合作、团队协作、创新思维、情绪管理、换位思考、信任、沟通技巧、问题分析与解决等课程的一个环节。

2.单独作为一个学习活动，可以只是作为一个游戏，让学员开心、放松。

数"七"至尊

黄笑笑

一、基本信息

1. 游戏简介：以小组为单位，团队进行数数，连续数到最高的团队获胜

2. 预计时长：半小时

3. 建议人数：12~36人，每组人数建议6~10人

4. 前期准备：

（1）场地要求：每小组可以围成圆的队形即可

（2）物料准备：计时器1个、口哨1个

二、游戏规则（如图6-1所示）

1. 以小组为单位，连续数数，每人数1个数字，连续不断，各小组比赛，小组组员配合连续数到最大数字的组为获胜组。

2. "连续不断"指的是相邻两人数数的间隔时间不超过1秒。

3. "最大数字"指的是遵守游戏规则连续数数，可以数到的最大数字。超过时间或者违反规则，该小组游戏停止，停止的前一个数字为"最大数字"。

图 6-1 游戏"数'七'至尊"

4. 数数时碰到含数字"7"或"7"的倍数的数字需要轮空,即不可以数出来,必须用击掌的方式进行传递,同时,数数的方向转向,即原本顺时针即刻变为逆时针,逆时针即刻变为顺时针。

5. 练习环节。小组可以有 3~5 分钟的练习时间。小组练习时,由组长组织进行。练习时可随机从任意数字开始,数字的轮圈方向随机,可顺时针,也可以逆时针。

6. 比赛过程中,其他组员不得提示,否则将视为犯规。

7. 正式比赛环节,培训师可以指定任意数字及方向开始游戏。

8. 正式比赛环节每组仅一次机会。若每组一次的展示结束,有两组的最高数字一样,则由两组进行终极 PK。

9. 所有组比赛结束,评出优胜组和最后一名。进行相应的奖惩。

三、具体步骤

1. 培训师宣布游戏规则。

2. 小组自行进行团队练习,时间 5 分钟,到时间以哨声为令。

3. 进入团队比赛环节。

4. 由抽签决定出场顺序。

5. 按抽签顺序分组进行团队数数。培训师随机指定一名学员并指定一个 2 位以内的数字数(建议 10 以内的数字)、任意方向开始,培训师及所有其他组学员同为裁判。

6. 由第一名组和最后一名组分别进行经验分享。

7. 对第一名组和最后一名组进行相应的奖惩。

8. 培训师要求小组团队对刚才本组的活动做复盘,并讨论对于自己工作的启发。

9. 小组进行发表（可根据情况，全部组或部分组发表，建议有板书）。

10. 培训师进行简单总结。

四、活动可以使用场景

1. 新员工团建

2. 团队合作

3. 餐宴活跃气氛

五、话术参考

练习环节话术：

各位学员，今天我们一起来做一个团队活动。活动的名字叫"数'七'至尊"，顾名思义，就是看哪一组数数最强。

比赛以小组为单位，连续数数，遇到含7和7的倍数的数字则不能出声，只能击掌，同时游戏反向。比如碰到7、17、27、28，这些数字，都只能击掌，不能数出声音，接下来的数数需要反方向传递。

如果一旦碰到间隔时间超过1秒钟或者发出声了或者没有反向，则团队的数数成绩为错误前的一个数字。

大家清楚了吗？

游戏分为两个阶段，第一阶段是练习阶段，由组长组织进行。时间是5分钟，建议大家多想办法，提高团队的正确率。哨声响起，练习时间到。第二阶段是比赛阶段，比赛出场的顺序由各组组长来我这里抽签决定。

请大家抓紧这5分钟的时间练习。

正式比赛环节话术：

各位学员，刚才各组已经由抽签的方式决定了我们的出场顺序。

在等会儿的比赛过程中，所有其他组员和我共同担任裁判。我会当场给每组随机指定任意数字、任意组员、任意方向开始。注意规则，不要犯规，每一组只有一次机会，团队数数成绩最好组为获胜组，成绩最低组和获胜组均有相应的奖惩。若两组成绩相同，则由这两组进行终级PK。

如果大家没有问题，现在比赛正式开始。

六、复盘参考

1. 团队合作中，不要只想着自己，还要有团队意识。
2. 团队信息的传递，要注意建立团队合适的表达方式。
3. 效率和正确同样重要。
4. 团队每位成员都很重要，把合适的人放在合适的位置上，可以发挥更佳的作用。
5. 思考清楚再行动，保证行动的正确性。
6. 没有唯一的方法，不断调整不断创新，会不断有新的可能性。
7. 一个人的失误可能会导致团队的失败。
8. 心态会影响行为，行为会影响结果。
9. 出现错误的时候，互相指责并不会促进事情向更好的结果发展，只会让团队人心涣散；发现错误，互相鼓励，关注未来的调整和目标，才能有更好的创新。

10. 目标制定的时候，过低没有挑战性，太高了可能会导致失去信心。

11. 目标制定应根据综合因素，比如市场环境、过去绩效、竞争同行等，制定有挑战性的目标，可能会获得意外的惊喜。

12. 注意力集中才能办对事。

13. 团队人数：团队人数太少，每个人的注意力需要高度集中，每个人自我责任感会更高，执行过程不易出错，但每个人注意力高度集中的时间会比较强，整体强度较大。团队人数过多，易导致团队中成员的责任感下降，注意力也不易集中，执行过程中管理难度相对提高。

14. 如何让 1+1 大于等于 2。

……

读者可以集思广益，发现更多的复盘点。

七、关联知识

团队合作指的是一群有能力、有信念的人在特定的团队中，为了一个共同的目标相互支持合作奋斗的过程。它可以调动团队成员的所有资源和才智，并且会自动地排除所有不和谐和不公正现象，同时会给予那些诚心、大公无私的奉献者适当的回报。如果团队合作是出于自觉自愿时，它必将会产生一股强大而且持久的力量。

团队合作时，成员密切合作，配合默契，共同决策和与他人协商；决策之前听取相关意见，把手头的任务和别人的意见联系起来；在变化的环境中担任各种角色；经常评估团队的有效性和本人在团队中的长处和短处。

团队合作的六个原则：

1. 平等友善

与同事相处的第一步便是平等。不管你是资深的老员工,还是新进的员工,都需要丢掉不平等的关系,无论是心存自大或心存自卑都是同事相处的大忌。同事之间相处具有相近性、长期性、固定性,彼此都有较全面深刻的了解。要特别注意的是真诚相待,才可以赢得同事的信任。信任是联结同事间友谊的纽带,真诚是同事间相处共事的基础。即使你各方面都很优秀,即使你认为自己以一个人的力量就能解决眼前的工作,也不要表现得太张狂。要知道还有以后,以后你并不一定能独立完成一切。

2. 善于交流

同在一个公司、办公室里工作,你与同事之间会存在某些差异,知识、能力、经历造成你们在对待和处理工作时,会产生不同的想法。交流是协调的开始,把自己的想法说出来,听对方的想法,你要经常说这样一句话:"你看这事该怎么办,我想听听你的看法。"

3. 谦虚谨慎

谁都在自觉不自觉地强烈维护着自己的形象和尊严,但也有可能同时失去他人的合作。对自己要轻描淡写,要学会谦虚谨慎,只有这样,我们才会经常受到别人的欢迎。

4. 化解矛盾

一般而言,与同事有点小想法、小摩擦、小隔阂,是很正常的事。但千万不要把这种"小不快"演变成"大对立",甚至成为敌对关系。对别人的行动和成就表示真正的关心,是一种表达尊重与欣赏的方式,也是化敌为友的纽带。

5. 接受批评

从批评中寻找积极成分。如果同事对你的错误大加抨击，即使带有强烈的感情色彩，也不要与之争论不休，而是从积极方面来理解他的抨击。这样不但对你改正错误有帮助，也避免了语言敌对场面的出现。

6. 创造能力

一加一大于二，但你应该让他大得更大。培养自己的创造能力，不要安于现状，试着发掘自己的潜力。一个有不凡表现的人，除了能保持与人合作以外，还需要所有人乐意与你合作。

缺失的信息

冯震亚

一、基本信息

1. 游戏名称：缺失的信息
2. 游戏适用：团队融合、沟通与协作等主题培训中的一个环节
3. 预计时长：26 分钟（不包括总结点评）
4. 建议人数：30 人左右

二、前期准备

1. 场地要求：有可以走动的空间（岛屿状培训教室为佳），尽量避免排排坐的教室
2. 物料准备：选取画中画，根据人数制作 31 张从局部到整体的硬卡图片，然后打乱顺序。具体操作如 32 人（先选出一名观察员，然后每人发一张图片）。

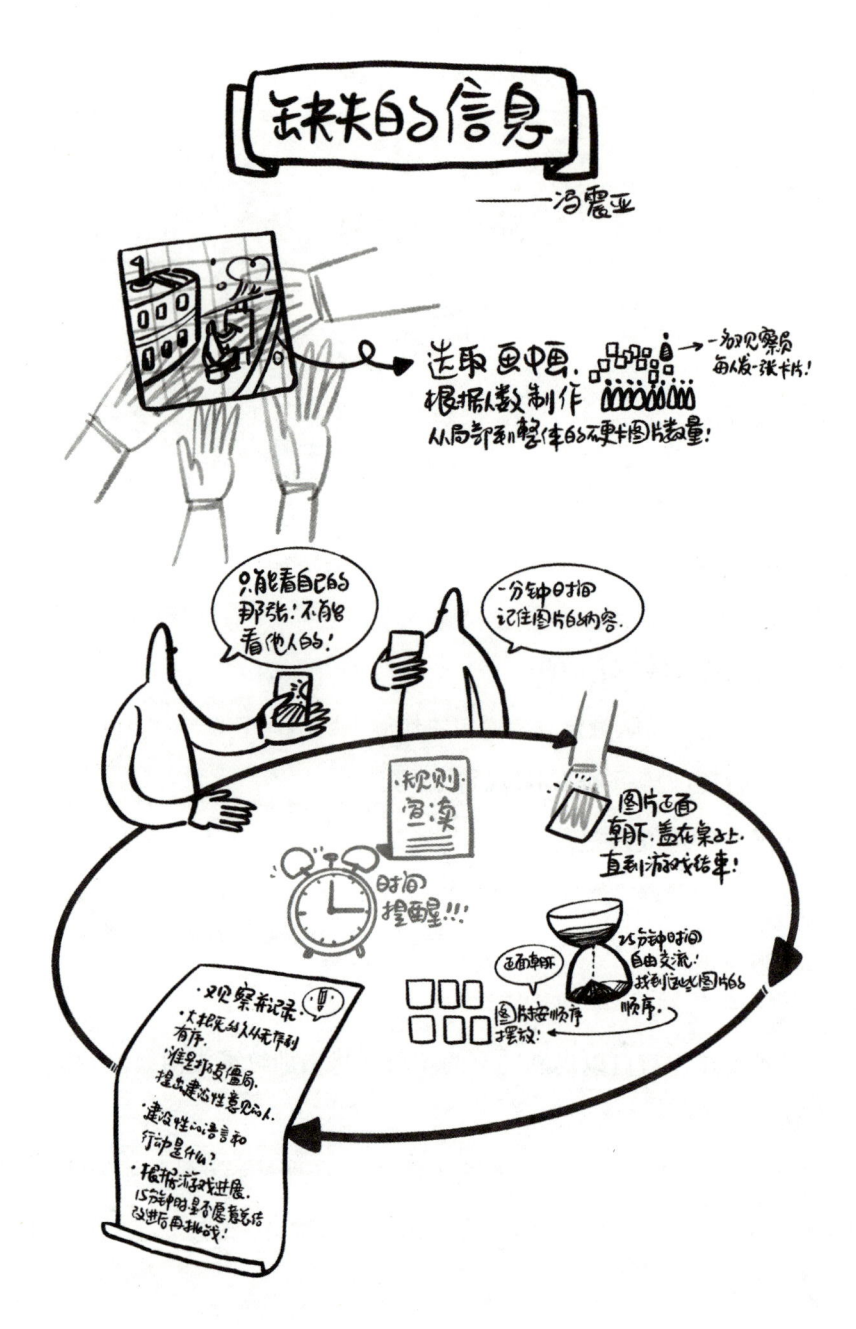

图 6-2　游戏"缺失的信息"

三、操作流程

1. 宣布游戏规则（如图6-2所示）。每人会拿到一张图片，在拿到图片之后，就不允许说话了。不可以借助任何网络查询图片相关信息，也不可以拍照发群里。只允许看自己的那张图片，不看他人的也不给他人看。越遵守游戏的规则，游戏的过程越有意思。你有1分钟时间记住图片的内容，然后把图片正面朝下盖在桌子上，直到游戏结束，不可以再翻开图片。接下来，有25分钟的时间，可以自由交流，找到这些图片的顺序。然后把图片按照顺序摆放（仍然正面朝下）。

2. 确认现场是否有人玩过，如果有，请他不剧透，并做观察员。

3. 游戏时间（时间过半、5分钟、3分钟提示）及规则的提醒。

4. 观察并记录整个团队的情况：大概多久从无序到有序，谁是打破僵局，提出建设性意见的人。他们的建设性语言或行动是什么。

5. 根据游戏进展，也可以选择15分钟游戏中场进行总结与下一步改进方案的探讨。

四、关键环节

1. 打乱图片顺序，特别是在一组中，尽量做到图片信息无关联。

2. 游戏规则的设定和把控。

3. 根据游戏的进展进行总结和探讨。例：25分钟时，如果顺利完成，可以直接进入总结。如果进展不顺利，可以在15分钟时问学员是否愿意总结改进后再挑战。

4. 根据最终结果（无论是否完成）都可以进行知识点的引导和工作中运用的引导。

5. 总结的引导。

（1）你在游戏中的感受是怎样的？

（2）你从游戏中有哪些发现？

（3）如果在工作中出现类似的情况你会怎么处理？

五、执行案例

1. 培训需求的产生

某公司销售团队，32人分布在全国8个区域，希望通过一天的培训增强沟通和信息共享。

2. 培训具体时间安排

一天的课程中，通常该游戏放在下午，因游戏的设计，学员交换信息必须要相互走动，打破原有的组别。课程上午开始就进行了小组的划分和竞争制度的设立，组内成员之间有了一定的合作。

3. 游戏规则介绍话术

"接下来我们将做一个游戏，游戏的名字叫缺失的信息。等会在座的每位都会拿到一张图片，我们的任务是找到这些图片的顺序。

游戏规则有三条：

一、拿到图片后只允许看自己的那张，不看别人的，也不给别人看；

二、拿到图片后有1分钟的时间记住自己图片的信息，1分钟后将图片正面朝下盖在桌子上，直到游戏结束；这1分钟里不可以说话，不可以借助互联网查询任何相关信息，也不可以拍照发群里；

三、图片盖上后，可以开始交流。找到顺序后，把图片拼在一起，游戏结束翻开图片揭晓答案。游戏时间一共25分钟。越遵守游戏规则，结果越有意思。游戏准备开始，之前有人做过类似的游戏吗？（学员摇头。此处如果有学员点头或举手，请他不要剧透，并担当观察员）。我需要一位观察员，有哪位愿意担当吗？（有人举手）等会请您到这里，我会给您不一样的任务。大家有什么问题要问吗？游戏开始后我就不再回答任何问题了。"（有人举手。）"老师，是拼图吗？""是拼图，但不知道是不是你理解的那种。"（笑声。）"老师，是一组的顺序还是所有人？""所有人！准备好了吗？""好了！""那么我们开始（在嘴巴上做锁住的动作）。"此时，让观察员到身边，告诉他全程可以看、记录，不指导、不发声。

"拿到图片后请暂时不要看，我说开始，大家一起看。"按照小组发事先打乱顺序的图片（正面朝下）。全部发好后宣布"倒计时1分钟开始"（此时有学员蠢蠢欲动，和他人开始交流了）。"请注意这1分钟抓紧记住图片内容不说话。"按下计时器。同时安排观察员的任务：一是记录团队成员从无序到有序的时间；二是打破原有秩序的人具体的语言或行动；三是团队里谁是天生的领导者、谁是支持者、谁是执行者、谁是违规者、谁是边缘人、谁是信息黑洞。

4. 场上情况与处理

此时，一位学员用很夸张的动作把图片拿远又拿进，举手，表示不知道拿到的图片是什么。"看不出来是正常的"（学员苦笑。）1分钟后宣布"时间到"。培训教室里立刻沸腾起来，各个小组内部开始交流了。有些小组发现了一些相同的信息，开始向其他组宣布他们的发现。但因为教室里的混乱，始终无法形成合力。直到7分钟，一位学员跑到我身边问"老师，话筒可以借我用下吗？""当然。"他拿着话筒说："静一静，听我说，我现在知道的元素有地球、游轮、岛屿、农场，我们能不能把相同元素的集到一起，看看能不能找到顺序。"场面再次陷入混乱，混乱中又有秩序产生，有人举手大声喊"拿到游轮的到我这里！""拿到农场的到这里！"……教室里渐渐形成新的组别。有两个人始终不知道该站在哪里。其中一位说："我拿到的像火山喷发的熔岩，有没有火山？"场上没有相同元素的，有人提议："是不是岛屿上的火山喷发了？"该学员想想"有可能"，站到岛屿那边去了。新的小组开始内部交流，教室又进入混乱状态。此时，时间已过半。持续到接近20分钟，有学员抢过话筒，"我发现我们拿到的是从大到小的图中图，我们每组排头和排尾说说自己的图片信息是什么。"场上安静点了，排头排尾开始衔接他们的信息。22分钟过去了，火山喷发那位学员始终不知道自己该在"岛屿组"的哪个位置，只好站到排尾。"离结束还有3分钟！"我宣布，请把图片正面朝下放在台上，我们以最终的图片顺序作为判断依据。学员四散开，拿到图片又重新排列把图片放下来。其中有几位互看了图片，对自己的判断很有信心。我宣布倒数十个数的时候，所有学员都把图片放下来，排成一排。

我问学员："你们觉得对了百分之多少？""80%""70%""85%"……"揭晓答案的时刻就要到来，请不要改变图片的顺序，帮我一起翻过来。"伴随着学员的各种声音，翻开图片，学员在一片恍然大悟中开始讨论，"我们这组全对！""这张是谁的？""这张不是火山喷发！"……学员一边讨论一边拍照。

六、游戏的总结

"我们大概对了65%，这里和这里出错了，所以两组元素的关系完全错乱了。"（学员叹息。）"不过游戏的结果并不重要，重要的是我们从游戏中学到了什么？"我把学员聚成一圈。"首先，有哪位特别想说说你刚才的观察和你的感受吗？"（争先恐后地举手。）随机挑出一位，"我拿到的那张图根本不知道是什么，直到我听到有人说星球，我立刻猜出自己拿到的是缩小到很小的地球。""我觉得我们应该一开始就把自己拿到的图片信息告诉每一个人，这样才能信息对等。""刚才谁拿到的信，信上邮票的内容完全没说啊。"……我们想听听观察员的想法吗？"刚才团队从无序到打破僵局是 7 分钟，×× 是第一个打破僵局的。建立新的秩序是 19 分钟，×× 发现了图片的顺序。22 分钟时，各组内部秩序基本建立，但组和组之间的秩序始终没有突破。在游戏过程中，我看到有些拿到关键的信息，可始终没有把这些重要信息告知大家，有些一会就开始在旁边玩手机了，也不知道他拿的到底是什么信息……""黑洞。""黑洞。"学员互相打趣说。

知识点导出（分学员从游戏中的启发、在工作中的思考及培训师总结三个步骤）：

第一步："我们刚才回顾了游戏的过程，那么这个游戏给我们一些什么启发呢？"

1. "在说出自己图片信息的时候，描述事实，不要加主观判断。"
2. "信息需要共享才能看清全局。"
3. "团队需要 Leader，不然太混乱了。"
4. "我们做任何执行前都应该先制订一个计划。"
5. "重要信息如果遗漏，信息链就会有黑洞。"
……

第二步："游戏给你的工作带来哪些思考？"

1. "想交换信息最好的方法是先把自己的信息说出来。"
2. "最快的信息共享方法是全员参与。"

3."团队中的信息要有集中、有分类、有衔接。"

4."让自己的信息产生影响力需要有话语权。"

"那在刚才的游戏中怎样才能有话语权？"

"用话筒！"

5."沟通想要有序、高效，大家不光在目标上要达成一致，还得在某些方法上达成共识。"

"例如？"

"例如我们在描述信息的时候用总分总的方法，先讲大致场景而不是先描述细节。"

"当自己没有办法判断信息正确性的时候，认真听他人的意见。"

"全程参与不当旁观者。"

"自己没有主意时，支持他人而不是反对。"

6."团队成员超过一定人数时，沟通效率会降低，这时候需要选择一对多的沟通。细节的确认最好用一对一。"

7."想要达成团队目标，个人的力量很有限，合作才能看到全局。"

8."目标是通过一次次尝试完成的，没有行动就没有刚才完成的65%。"

9."如果有一次总结和重新开始的机会，应该完成得更好。"

"所以您的意思是工作中期总结能提高效率吗？"

"是的。"

……

第三步：刚才大家通过游戏缺失的信息体会了信息共享和沟通的重要性，沟通是理解并与他人分享你的意图感悟。

我们需要亲身参与实践才能相互作用。沟通可以通过不同的渠道进行，关键信息包括输出者、信息、接受者及渠道，对高效群体合作至关重要。群体成员的个性、积极性、掌握的信息量以及写作能力共同决定了沟通的结果。群体规模越大，每个成员对群体的影响就越小。当群体人数超过 12 人甚至更多的时候，沟通更像是公开场合的演讲。群体规模越大，群体成员更有可能表现被动。能够把群体聚在一起的是共同目标、归属感。群体中每个成员都在或多或少潜在影响他人。影响他人的行为就是领导力。高效团队的四个特征分别是：1. 清晰且令人振奋的目标；2. 成员角色及责任的明确分工与细化落实；3. 详尽的规则和运作流程；4. 成员互相合作、彼此协调。对个人而言，需要成员有处理和解决问题的经验与能力、开诚布公、互相支持、行动导向、积极的个人行事风格、坚定的全队信念、团队学习及变通能力。落实到行为需要做到花时间与团队成员相处、与其他成员一同商讨你所承担的工作任务、向其他成员明确表达你的意图、倾听他人。在具备上述特征后，沟通的障碍主要来自表达的差异、以偏概全、事实与推理混淆。对应的方法是使用特定的语言、澄清并进行分析。下面请大家回到座位上，结合自己的感悟写出三个你认为自己工作对有帮助的知识点。

根据课程设计难度，进行相应的总结并引导到接下来的内容。

七、关联游戏

1. 通过一个推理故事，拆散信息后随机分给团队成员，通过观察他们的沟通协作方式来总结知识点。

2. 你说我画。

3. 故事接龙。

每个游戏都有自己的优缺点，使用下来，学员更喜欢图文并茂的道具。道具在手，学员更容易聚焦在一个活动中来讨论。培训师适当引导就可以让学员产出知识点，这是让学员特别有成就感的地方。

八、意外情况处理

1. 最大的意外是学员之前全部做过，此时一定要有备用游戏。个别做过的可以选出当观察员。

2. 遇到学员完全无序状态的，要适时使用暂停，帮他们做总结和推进。

3. 如遇能够完成甚至提前完成的，一定要先肯定和鼓励，知识点总结就改为有哪些做得特别好的地方？这些我们在平时的工作中也在用吗？如果要再提高点效率，我们还可以有哪些改进？

九、增加游戏难度的小技巧

1. 观察员的设立。

2. 游戏前的预判，把图片中信息最多、最少和最难判断内容的分配给团队中不积极参与者。

3. 各个小组内部信息不要是同一元素的。

4. 会根据打乱后需要发放的顺序在图片背面编号，混淆学员的判断。

5. 人数少时，去掉一部分重复信息增加拼图难度。

6. 人数在 60 左右时，使用两套图片，分组竞赛。

你抛我接

邢侃

一、基本信息

1. 游戏名称：你抛我接
2. 预计时长：操作时长约在 20~40 分钟
3. 建议人数：建议一组人数设置在 8~12 人为最佳

二、前期准备

1. 场地要求：场地需平整空地，室内室外皆可；如果室外则需无风，使抛接物品时不会受到风力影响。

2. 物料准备：最佳抛接物为单手能接住的、统一规格的小质量物件，如乒乓球

三、操作流程

1. 主要步骤

以 10 名参与者抛接乒乓球为例。

（1）先整理出一块大约 10 平方米左右的平整空地。

（2）所有参与者围成一个圆。

（3）参与者侧身站立，人与人之间间隔半米左右，两腿分开与肩持平，左手背置于身后，右手持乒乓球手心向上。

（4）所有人在身体不动的情况下，将自己的乒乓球略向后上方抛出，然后接住自己左前方同伴抛出的乒乓球。

（5）所有的乒乓球被抛接一轮不落地，视为挑战成功。

2. 关键环节

在对操作流程和活动目的进行说明后，允许他们先讨论 2 分钟。

在前期操作中，如果失败多次，可暂停游戏，要求大家思考下怎么才能做得更好。

过程中，培训师需要做到以下几个方面：一是计数他们抛接次数；二是做好过程记录，建议用白纸记录下整个游戏过程，特别是参与者的关键言行和情绪，以便后续如有复盘需要或者契合游戏目的主题做讨论时可以提供事实依据，用于引发参与者的讨论和思考。

3. 参考话术

"现在请各位以我为圆心，围成一个圈。"

"现在所有人向左转，人与人之间的间隔在半米左右。"

"然后请像我一样，双脚分开与肩同宽，左手放在背后，右手持乒乓球，手心向上。"

"游戏开始后,请大家同时抛接乒乓球,每个人需要接住身前伙伴的乒乓球。"

"我们的目标是,在脚步不移动的情况下,让所有乒乓球在不落地的情况下轮转一圈,视为达成目标。"

"如果过程中,乒乓球落地,则重新开始计数。"

4. 注意事项

(1)安全事项,平整场地。注意如果是室内的话,桌椅暂时挪开,以防抛接救球时,参与者磕碰受伤。

(2)抛接物选择

①建议同规格物件,如果事先没有准备,也可以使用矿泉水瓶盖做抛接练习。通常培训时,培训现场都会为学员准备矿泉水,因此瓶盖是比较容易得到的统一规格的物件。不建议使用凑取的不同规格的物件,如钥匙上的挂饰,不同规格物品会破坏练习效应,会让参与者分散部分注意力在物品本身不同的规格上,增加了抛接时更多的不可控性。

②建议是单手能抓取的物件。曾经看到有操作者直接使用矿泉水瓶,因为单手很难抓取,因此只能面向圆心,使用双手抓取。在这个过程中,物品较大的抛力度不好把握,一来容易有碰撞,二来造成双手接取的人重心不稳,游戏操作的协调性和美感不足。

(3)难度调节

①双脚移动和双手接球。过程中难免会有一时判断不准导致移动接球或用背在身后的手也帮忙去接球的情况发生。培训师根据培训目的和需要,判断处理是否违规(一般不是刻意的,每次都这样,就不会判违规)。

②增加难度,还可以要求所有人向上抛球,然后人通过向前移动,接住

前方人抛出的球。这样参与者不但要考虑抛球的力度高度，还需要考虑移动时机和移动步幅，难度更大。

四、关联知识

1.游戏来源项目来源于团建培训，参考鼓动人心和不倒森林两项，都是通过团队协作，共同完成一项挑战。

只是鼓动人心和不倒森林作为大型团建的一部分，对于器材有一定要求，鼓动人心的场地要求也更大。抛接游戏虽然在游戏体验感和欢乐程度上不如鼓动人心，但能因地制宜，减少场地和器材条件限制也能达到同样培训主题目的。

2.关联实际

我们会发现相比于过去的管理，新生代员工的个性化诉求会越来越多，每个人都不是简单地只想成为团队的一分子，而更多希望能够在团队中冒头，被发现被关注。当然，我们鼓励这种勇于担当积极进取的精神。同时，我们也会看到，在实际工作中还是有相当部分目标和分工明确的任务其实更多依靠的是团队合作，是需要让每个人融入团队，让渡部分自己的想法与个性，去遵守团队的行为准则，履行自己的角色，最终完成团队目标。

抛接游戏正是希望作为一个培训游戏让参与者在游戏过程中深刻理解作为团队成员，通过全身心投入，协力合作，完成团队目标。

作为培训师或团队管理者，在复盘游戏过程时，可以让参与者思考一是游戏过程中有哪些让他们印象深刻的事情？二是有过哪些情绪体验？三是让游戏最终成功的因素有哪些？四是他们从这个游戏中有哪些领悟？五是如果重头操作一次的话，如何做能让我们更快地达成挑战目标？

游戏可以从以下几个方面进行引导。

（1）团队准则

在游戏开始前，让大家自由讨论部分，很容易会提到喊口号的部分。但是，是一个人喊还是大家一起喊？

喊到几抛？

是喊的同时抛？还是喊完再抛？

抛的角度、力度、哪个位置比较合适？

……

这些都是在讨论的时候可以确定的，在接下来游戏操作过程中可以制定的行为准则。

我们会发现，在一开始的时候把所有的操作标准制定得越详细，每个人越是清楚自己的角色和所需要做的事及其标准，那么团队完成挑战的效率就会越高。反之，就需要在过程中花费大量时间去不断修正和磨合以达成挑战目标。

现实工作中亦是如此，团队的目标越明确，操作准则越清晰，通常团队的效率也会越高。所以作为团队的管理者，可以反思在现实的团队管理中，每个人是否清晰我们的目标？是否清晰自己的工作职责？是否清晰达成的标准？

（2）有效执行

我们常常谈执行力，我们需要了解的是当执行力出了问题，究竟是哪里出了问题？

可以从三个方面思考：

What——对任务不理解，则没有执行力；

Why——对任务理解，但意愿不足，执行大打折扣；

How——对任务理解，也有意愿，但能力不够，执行也不会高效；

在游戏中，高效的团队会对球落地导致失败的情况进行分析。比如，抛接时间有先后，是因为没有准则？还是对准则理解不到位？抑或是虽然表面同意了，但其实内心并不认可导致执行不到位？又比如，抛接落地是因为抛接的力度、角度、高度没掌握好？还是专注力不够？

通过观察、分析找到问题原因，通过针对性练习，迅速达成团队目标。

在现实过程中，团队管理者很重要的一个职责也是通过观察、分析找到员工工作效率低、执行力不够的原因，从而对症下药进行解决。而对于员工来说，培训师可以引导大家分析如何提升现实中某项工作的执行力？是理解，意愿，还是能力问题？

（3）专注力

要想让目标尽快达成，在游戏中每个人的专注力是很重要的。当抛出自己的乒乓球后，这个球已经与你没关系了，关注重点应该放在接住来球上。但实践中很多掉球就发生在参与者抛出球后，去关注这个球抛得怎么样，同伴是否能方便接到，患得患失，最后导致自己注意力不集中，没有接住来球。当抛球时，就做好抛球时的标准动作，当需要接球时，就把注意力全都集中在接球上。

引申到工作中，每个人在团队中都有自己的工作内容和职责。在每项团队工作中，每个人首先要做的是对自己工作尽责，全身心投入当下。但很多职场人士往往被各种主客观因素干扰，继而打断自己的专注力，从而造成工作效率的降低。

培训师可以引导参与者思考在自己的工作中有哪些容易引起自身专注力降低的因素？有什么方法能帮助自己杜绝那些干扰，提升对于当下工作的专注力？

（4）情绪管控

游戏过程中，难免会有伙伴接球失败，导致团队努力前功尽弃，需要重新来过。对于伙伴的失败，我们是埋怨还是鼓励？我们说了什么？又做了什么？

培训师可以把记录到的事实拿出来分享，并还原事发现场，通过询问当事人的心理感受，分析不同处理方式下对于当事人、对于团队的影响。

事实上，当面临因为别人的错误而导致失败的情况发生时，有负向情绪是再正常不过的。这是团队好胜心的体现。但埋怨和指责并不能促进问题解决，反而可能会给当事人带来心理压力，不利于团队目标的高效达成。因此，我们不是要杜绝这些情绪，而是要通过情绪去觉察情绪背后的意图，以解决问题为出发点帮助团队成员成功。

同样，反思在现实工作中，相比较过去，新生代员工因为有更强的自尊心和自我价值感，因此在面对失败时，希望得到更多的是鼓励和帮助。在管理手段上，在团队合作中，职场人都需要关注自己的情绪的力量，并善用情绪背后的正向意图去鼓励和帮助下属、同事成功。

五、实操建议

1. 培训活动

公布完游戏目标与操作流程后，以小组为单位进行比赛，给予十分钟的练习时间，以一次性抛接次数最多者为胜。

可在下午培训前进行操作，达到"团结紧张，严肃活泼"的课前效果。

2. 关联知识点的培训

针对主题类培训，例如执行力、团队协作等，可以作为一个导入游戏，通过游戏体验和事后的提问复盘，导引到相关主题培训中来。

导引内容参见关联实际。

3. 团队活动

在年会活动/团建活动中，更注重的是游戏体验，因此还可以设置三个轮次。

第一轮，一分钟内计算抛接成功的总量。

第二轮，一分钟内计算抛接次数最多的那次作为本轮成绩。

第三轮，计算比赛开始后的第一次抛接成绩。

计算三轮成绩的总数，为最终优胜组。

同行中信任我

张家骅

一、胶片（PPT）显示样张（如图 6-3 所示）

> **游戏：同行中信任我**
>
> 我们现在要在各小组中招募以下四位志愿者：
> 1. 被蒙眼的学员一位；
> 2. 担当领队的学员一位；
> 3. 担当"护花使者"的学员两位。
>
> 活动时，场地内仅安排有两个小组同时进行；由各小组内担当领队的学员引导被蒙眼的学员按照指定的行进路线，依次抵达各指定地点且由被蒙眼的学员签名留证。
>
> 请注意，两组不需要比赛速度，需要看你们如何顺利完成。

图 6-3　游戏任务卡

二、游戏基本信息

1. 游戏名称："同行中信任我"
2. 预计时长：游戏每一轮约为 5 分钟，准备时间约 10 分钟，讨论点评约

20 分钟

    3. 建议人数：4 人以上

三、游戏前期准备

    场地要求：一块有墙面或柱子（便于张贴 ABCDE 等位置标签）、无显见危险隐患（诸如易绊脚的障碍物、突现的墙钉、玻璃门、无栏杆的上下楼梯等）的大于 20 平方米场地，可以是过道。

    物料准备：

    1. 眼罩，数量等同小组数。

    2.A4 纸 5 张，一张写有 A、一张写有 B、一张写有 C、一张写有 D，还有一张则写有 E。

    3. 铅笔，数量也等同小组数，活动中由蒙眼者负责携带。

    4.3M 正方形贴纸，数量等同小组数，书写有各小组的行进路线，例如 B–D–C–E–A，各组不同。

    5. 可以粘贴于墙面的胶带或黏土若干，主要用于将 5 张 A4 纸张贴于各标注位置。

    6. 一块白纸板或白板、三张 A1 白板纸、一套白板笔（红黑蓝各一支），用于讨论分享。

四、游戏执行流程

    1. 请于活动开始前，在培训室 / 会议室外的活动场地墙面张贴好写有 ABCDE 的五张 A4 纸，高度尽量张贴在学员抬手就能够得着的位置，低一些则无妨。

第六章 提升团队凝聚力

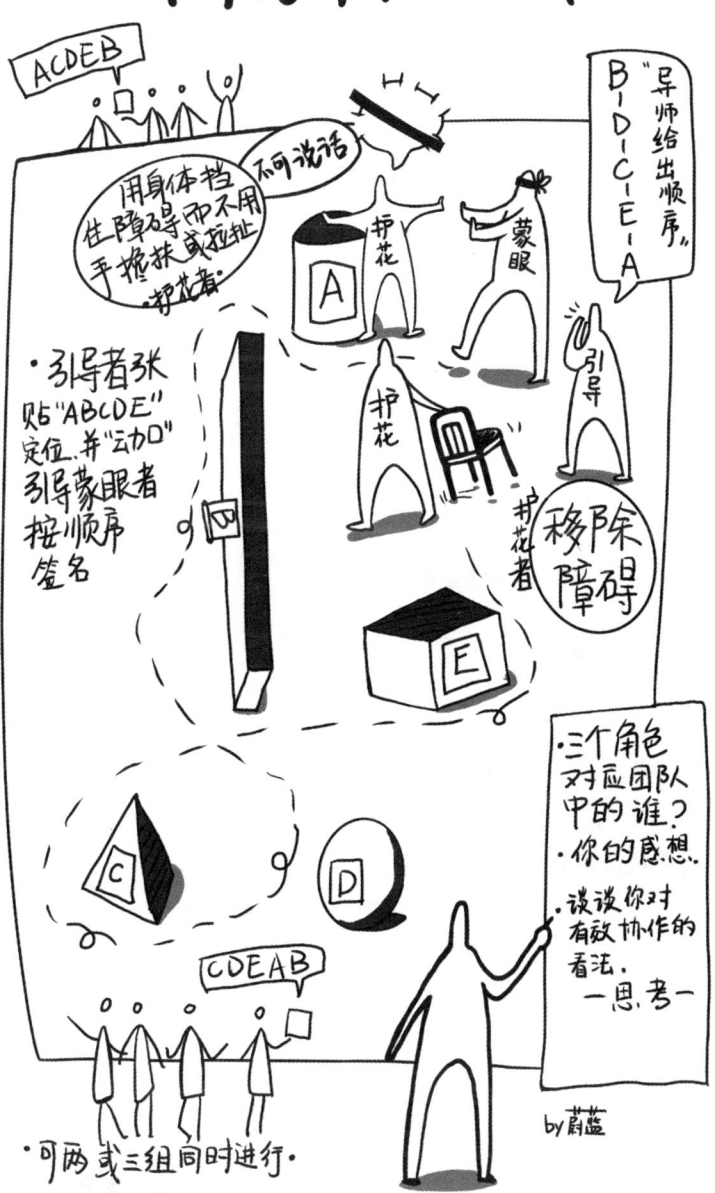

图 6-4 游戏"同行中信任我"

2.如图6-4所示，将全体学员按每组不少于4人分成若干小组并进行编号，也可直接按小组现状执行。

3.以动画效果的形式显示胶片（PPT）内容，即先向全体学员招募志愿者，再向大家介绍活动要求。

（1）现在我们需要在各组招募四位志愿者。首先要招募一位愿意被蒙眼的学员，请愿意的学员举手！好，谢谢举手的学员。备注：讲师可在暂时无人举手时指定一位合适的学员。

（2）接下来我们需要招募一位觉得自己与人交流还不错的学员，请大家举手报名，谢谢举手的学员。现在请举手的学员到外面场地去寻找张贴着的分别写有ABCDE五个字母的纸，找到并熟悉一下这五个位置后就请马上回培训室。

（3）最后我们还需要两位志愿者，请愿意的学员举手！好，谢谢举手的学员。你们将在活动中担当被蒙眼学员的"护花使者"，确保他们的安全。

备注：等外出巡察张贴着ABCDE五个字母的A4纸学员全部回到培训室后，再继续介绍活动要求。

（4）活动时，场地内每次仅有两个小组同时进行；由各小组内担当领队的学员引导被蒙眼的学员按照指定的行进路线，依次抵达各指定地点且由被蒙眼的学员签名留证。

（5）活动中请注意，负责引导的学员行为要符合"君子动口不动手"的原则，即这位学员与蒙眼学员间不得有任何身体部位的接触，只能通过口述交流传达信息。

（6）担当"护花使者"的学员则不能出声，也不得伸手去搀扶或用身体夹持蒙眼学员行走，应该做的是一旦发现行进路线上有障碍或者将发生碰撞，一方面是积极先行移除障碍物，另一方面将自己挡在碰撞物前面，让蒙眼学员撞到的是你而不是墙。

（7）蒙眼的学员则需要拿上一支铅笔，在每一个抵达处的 A4 纸上签名留证。

（8）两组不需要比赛速度，需要看你们如何顺利完成。

（9）在边上观看的学员请注意不要站在可能阻挡行进路线的区域里，同时注意自身的安全。

4. 游戏活动开始前，再次询问学员对活动规则有无疑问？有，则回应解释；无，则要求所有学员前往活动场地。

5. 按照小组的编号，让每两组的各四位学员进入活动场地区域；若遇到最后剩三组的情况，则三组同时进行。

6. 讲师将向引导者发放写有行进路线的 3M 贴纸，向被蒙眼者发放眼罩和铅笔，并要求每组按引导者站在前、蒙眼者站中间、护花使者站最后的次序列队。

7. 讲师应与引导者确认路线顺序，与蒙眼者确认蒙眼效果，与护花使者确认可能的障碍物和风险点。

8. 讲师大声与各位参加活动的学员再次确认无疑后，在再次强调不要追求速度后即宣布游戏开始。

9. 讲师应跟随行进队伍进行观察，并随时注意安全状况。可能的话，请旁观的某位学员进行拍摄。

10. 这两组完成后，讲师马上清场，再请后两组立即进场，重复上述步骤，直至全部小组参与结束，请所有学员回培训室进行分享讨论。

11. 讲师可在白板纸上写这几个问题：

（1）这三个角色分别对应着团队中的谁？（针对所有学员的问题）

（2）请结合团队中的角色和你在活动中的表现，谈谈你的感想？（针对参与游戏的学员的问题）

（3）请结合实际工作场景，谈谈你对这几个角色的有效协作工作方法的

看法？（针对所有学员的问题）

12. 给大家 3 分钟思考时间，请大家积极回答。

五、游戏关联知识

本游戏是一个关联团队成员角色关系与协作方法的应用活动。以下为讲师进行点评的建议内容：

1. 对应的团队角色

蒙眼者——团队中的新来者、引导者——新来者的直接上司、护花使者——团队中的老队员。

2. 游戏与实际工作的协作对应关系

引导者在游戏中发出指令的方式，对应着在团队中担任新来者的直接领导如何向新人布置工作，并进行过程指导、及时表扬和纠偏，涉及下达、激励、授权和辅导等管理技能。可从游戏中引导者的站位（通常引导者是面对蒙眼者的，所以其发出的右转左转指令往往与蒙眼者相反）、指令（有无先阐述目标、距离、行进路上的障碍及位置、直走几步或几大步、喊停的方式等）、表扬（在蒙眼者很好完成某阶段任务或遵照指令圆满完成时）、鼓励（当蒙眼者表现出畏惧感时）、握手或拥抱（当蒙眼者顺利完成全部任务后）等行为来启发学员的思考。

护花使者在游戏中保护的举动，对应着在实际团队工作中老队员如何对待新来者的态度和方法，是不闻不问呢，还是主动示好并在工作中主动提供力所能及的帮助。同样可以从为何游戏中设计有事先移除障碍和让蒙眼者撞在其身上的环节来促发学员的思考。

蒙眼者在游戏中是否有主动发问和感谢护花使者的举动，也对应着作为团队新人该有的如何迅速融入的意识和方法。蒙眼者通常在游戏中是埋头苦干，很少出声发问和致谢。可以问蒙眼者在全部摘下眼罩后，有没有主动致谢同伴的行为来激发全班学员的思考。

六、游戏实操建议

若是少于 20 人的小班课，在时间允许的情况下，建议每组多做几轮，互换游戏角色来体验一下不同团队角色的感受，这将使学员获得更大的收益。

若是大于 40 人的大班课，则建议让游戏参与者回答问题（2），请更多未参与游戏的学员来分享对问题（1）和（3）的看法。

chapter 7

第七章

总结学习收获

成果树

冯震亚

一、基础信息

1. 游戏名称：成果树
2. 游戏适用：对业务、工作场景等的介绍或培训知识点总结
3. 预计时长：30 分钟
4. 建议人数：35 人以内，分 5 组。人数增加，组数也相应增加，游戏时间就会延长

二、前期准备

1. 场地要求：有可以走动的空间（岛屿状培训教室为佳），尽量避免排排坐的教室
2. 物料准备：每组两张 A1 的纸，彩笔（方头，24 色以上为佳），乐高（每组一包 3000 粒以上），便利贴 N 包（不同颜色不同形状）。点点贴纸每组 3 个。在活动开始前分配好。

三、操作流程

1. 主要步骤

（1）请每组用已有素材，结合文字、图形、道具介绍我们的业务、工作场景或者知识点总结（表明知识点之间的逻辑关系）。时间 15 分钟。

（2）总结后每组带上作品或者邀伙伴们集中到你这一组做呈现。每组 3 分钟以内。

（3）各组根据知识点的逻辑关系、表达是否清晰、创意三个方面投出你们手中的 3 个点点贴。请注意，每组只能投给其他组（为增加竞争和参与度；培训用的小组积分制，此环节设计的积分标准可以根据培训需求来设计）。

2. 关键环节

（1）时间的把控与进程提醒。

（2）引导适度。

（3）此环节是完全开放的，没有标准答案，游戏的设计主要是通过一个主题的呈现激发学员之间的沟通和创新。用在总结环节的时候，前期培训内容在每一个模块结束时都应该有一个总结，来确保最后课程回顾的方向性。

四、执行案例

1. 培训需求的产生

某保险公司新员工系列培训中的一天，校招员工工作时间在 1 年以内，有部分社招员工。希望通过培训达到对业务的熟悉，团队的融合。

2. 培训具体时间安排

该游戏用于工作价值的再认知，放置于培训经过半天的团队融合后。

3. 游戏规则话术（用于业务介绍）

"请用 15 分钟呈现我们的业务，呈现方式可以用桌子上的道具如彩笔、便利贴、乐高等表现形式。呈现完成后，每组在 3 分钟内介绍各组的创意，为本组拉票。各组都拿到了三个圆点贴，投票（圆点贴）原则是只可以投给其他组，票数由各组决定怎么分配。得票从高到低取三组，第一名积分 5 分，第二名 3 分，第三名 1 分。相同票数得分相同。各组是否还有疑问？"

学员开始打开乐高的袋子看都有什么道具可用，提出自己的想法："我们的业务像不像一棵树的树根，树根决定了一棵树的生长情况。"

"可用并联电路表示，每一个业务都是一个开关。"

"可以用人体来表现，我们的业务像一个心脏起搏器，平时未必时时感受到它的作用，关键时刻能救命的。"

……

学员开始创作他们的作品。培训师巡场，看到有小组有困难的时候适度引导。比如，某小组表示他们这组的业务模式相差很大，该怎么处理？可以思考自己的业务模式后选择其中一个业务模式来做具体呈现，这样能让我们了解不同业务部门的工作。

（作品展示与介绍。）

"我们的业务如图所示四个模块……"

全部介绍完成后，倒计时 1 分钟投票，计算票数和得分。

五、游戏意义

1. 该游戏是通过具体的道具：彩笔、便利贴、乐高等增加培训活动的一种方法，它能提高不善发言学员的参与度，发挥每位学员的优势。

2. 把内容聚焦在一个特定的主题让学员深度思考与沟通。

3. 增加学员的能动性，以他们为主体总结呈现。

4. 用在业务介绍或工作场景介绍的时候，培训师能够更深入了解学员，与他们深层互动。用在知识点总结的时候，培训师能够了解学员对内容的掌握程度，做进一步引导或评价培训课程设计。

5. 游戏的操作简单，但因为是开放型的设计，没有标准答案，对培训师的要求较高，必须有控场能力及对各种意外处理的能力。

六、关联游戏

1. 企业文化探讨相关主题的开场，让学员带一件最能代表他/她对该企业理解的物品到现场，根据学员人数（低于20可以一一分享，高于20可以先分组，小组内部分享，选出他们认为最有趣或者最具代表性的分享给所有学员）进行分享，为什么选它。学员带来什么并不重要，重要的是他/她是怎么链接的。

2. 在培训课程结束的时候，每位学员发一些便利贴（小组内部每个人一种颜色或形状，组内不重复），让他们把学到的知识点写在上面，一页一张。然后小组内部合并同类项，最后把所有内容的逻辑关系贴出来展示给大家。这种方式可以让学员把知识点做有效的回顾并查漏补缺，同时看到学习效果的差异，比培训师用讲授式的方法总结更高效。

361 分享

刘方

一、基本信息

1. 游戏名称：361 分享

2. 游戏目标：帮助学员通过更为主动的方式参与到培训内容的分享和总结，并延伸到现实的工作当中

3. 游戏时长：45 分钟

4. 游戏准备：因该游戏用于分享总结，需要对前面各环节的成果进行短暂回顾，可以用漫游画廊等方式先让学员快速完成。学员将分为不同小组，每个小组需要用于记录的纸和笔。每位培训师可以引导 4~5 个小组，每组 5~7 人。

二、游戏步骤

1. 请学员随机组合为 2~3 人的小组，以漫游画廊的方式回顾前面培训环节的要点（5 分钟）。

2. 请学员回到座位，每个人在纸上写下三个最为重要的收获（3 分钟）。

3. 邀请学员在小组内分享自己的收获，并说明是从培训中的哪一部分内

容引发的。整个小组分享结束后,要总结出 6 条愿意和其他小组分享的内容,并选定一位呈现者(10 分钟)(如图 7-1 所示)。

图 7-1 游戏"361 分享"

4.确认每组都选好了呈现者后,再叫停前一环节,使用下列引导词说明:大家可能已经猜到,接下来每个小组的呈现者要进行分享。不过,我们今天的分享方式会发生一些变化。以前都是小组派出呈现者,拿出稿子大声宣读,其他组的人听了,不管说得对不对,鼓掌欢迎他坐下。这种方式一点都没创新,今天我们要改变一下!今天我们会让每个小组的呈现者走到下一个小组,第一组去第二组,第二组去第三组,依此类推,最后一组到第一组。说到这里,大家可能会想,这不是换汤不换药吗?原来是面对全班讲,现在是面对一个小组讲,讲完之后大家不管讲得对不对,鼓掌欢迎他回去……所以,我们发现,在这个活动中,如果听的人不主动,就不会取得好的效果。那么,为了彻底解决这个问题,今天要给所有听的人安排一个特殊的任务:在听的过程中,你要根据呈现者说出的知识点,提出一些联系实际工作的问题,让呈现者来回答。注意,不要提记忆性的问题,比如DISC共有几个风格,文化差异有几个维度等,一定要问呈现者对某些问题如何理解,以及如何应用到工作中。现在,呈现者可以离开你的座位,到新的小组开始讲解了(3分钟)。

5.由呈现者在各小组讲解,并接受小组成员的提问,做出适当的回答(12分钟)。

6.由培训师采访各位呈现者,请呈现者快速宣读本组带来的6个点,然后告诉大家新的小组成员提出了哪些问题,他是如何回答的。在此过程中,可以引导其他学员分享自己的观点,以及由培训师给出适当的反馈和点评(15分钟)。

三、游戏的一些变化

1.可以给每个小组发6张分数牌,如果呈现者对某个问题的回答让大家满意,则发给呈现者一张分数牌。引入分数,可以增加游戏的竞争性,让学员更乐于参与。

2. 呈现者对回答不出的问题，可以寻求原小组其他成员的帮助，或者打电话寻求场外支持，这样的机会只有一次。

四、一些说明

游戏名字中的361分别指：每个学员写下自己的3个收获，每个小组整理出来6个愿意分享的点，派出一位呈现者去其他小组宣讲并回答问题。尤其要提示不能问记忆性的问题，这会失去这个环节的意义。有些问题对于呈现者来说不一定能直接给出答案，培训师可以根据自己的经验给予一些提示，也可以将问题开放给整个班级，让其他学员从自己的视角给出建议。在提问中，经常会有学员问到非常有价值的问题，如果时间允许，可以适当延长活动时间，让更多的人有机会参与到分享与讨论当中。同时，培训师也要注意到学员对现实工作实际情况的了解更深入，多引导学员表达观点对找到现实可行的解决方案会更有帮助。

五、活动总结

这个活动实施的难度非常低，不需要特别的道具，只要前期准备中把前面培训内容进行简单回顾就可以，任何情况下都可以轻易开展起来。361分享可以用在各类培训总结中，比如时长2天的课程，可以在第二天早上用这个方式回顾前一天的内容，或者整场培训结束，用这个活动来进行总结，再引导到行动计划。

培训总结有很多不同的方式，相信培训师们早已经掌握，而361分享有一些独特的亮点：让听的人不再是单纯地听，而是要在听的过程中认真思考，寻找问题，来向呈现者提问。这样一来大大增加了听众的参与度，让活动中有了更多的互动。同时，对于呈现者来说，挑战也相应增加，不再只是关注讲好从自己小组带过来的知识点，而是要应对新小组成员提出的挑战，并根据自己的理解做出回答。对我们来说，培训不仅仅是单方面传授知识，能够帮助学员结合自身实际工作场景，利用课程中学到的知识，对现实问题进行分析并提出解决方案才是培训的最终目标。

最近几年的培训当中，发现学员有两个很大的变化：一是不再仅仅停留在"听"的层面，因为大家现在接收到的信息，了解到的知识，甚至参加过的培训已经太多了，重复灌输一些内容已经失去了意义，自然无法吸引学员的兴趣；二是学员更关注学习的内容如何与现实工作相关联，希望找到可以应用的解决方案，而不仅仅是了解一些知识、模型、方法论、流程等。361分享一定程度上更适应学员这些新的需求，让学员从被动地听到主动创造内容，并且是互动式的相互促进学习，同时，由于提出的问题都是基于实际工作，自然延伸到了具体的解决方案。这个活动在各类培训中都进行了广泛的应用，给培训带来了新意，既有笑点，也有亮点，还有真正落地的一些东西。期待各位培训师在您的培训中也来尝试361分享。

争"名"逐"利"

薛振宇

一、基本信息

1. 预计时长：30 分钟
2. 建议人数：45 人以内均可
3. 应用场景：培训结束前的回顾总结

二、前期准备（如图 7-2 所示）

1. 场地要求：培训教室后面有大于 1.5 米的空地距离，有足够人员来回走动的空间
2. 物料准备：至少 1 个白板纸展架，和培训章节数量相符的白板纸和黑红蓝三色白板笔
3. 可以让全场都能听到的音响设备以及节奏明快的音乐

图7-2 游戏"争'名'逐'利'"

三、操作流程

1. 主要步骤

（1）培训结束前半小时，此时应该已经讲完全部内容，培训师开始收尾总结。

（2）游戏口令 1: 好的，通过 × 天的学习，咱们已经分别学习到了 X 部分的知识内容，现在咱们共同来回顾总结一下每一部分的知识点。今天用一个游戏来总结，游戏的名称是争"名"逐"利"。大家看到教室后面有一个白板纸展架，每个小组认领一个培训章节，把你们在这个章节学习到的知识点的名字写上去，同时用一句话写出它将在工作中的利用场景，这就是所谓的"名"和"利"。要求不能少于三条"名利"，除文字表述外，还至少需要一条"名利"是用画面的形式表现出来。

（3）某组学员开始上前写相关章节知识点的"名利"内容。

（4）游戏口令 2: 非常棒，那么其他小组有没有补充，如果有补充请直接上前补充，可以写观点也可以写感受，补充的越全面，就会为你们小组获取更多的"名利"。

（5）其他小组学员开始上前补充。

（6）游戏口令 3: 太棒了！你们居然写得比我想讲的还要多，那么我们邀请写上这些语句和画出图画的人来分享一下你为什么会写出这样的内容。

（7）每个人开始分享，限制时间，尽可能每条不要超过三分钟。

（8）游戏口令 4: 非常优秀，相信各位已经掌握了这个章节所有内容的应用，接下来，咱们来看下一个章节知识点的争"名"逐"利"，哪个小组愿意来分享？

（9）游戏进入循环，直到所有的章节被回顾完毕。

2. 关键环节

（1）除了文字表述，还要有图画。

（2）让每个学员写一条，让尽可能多的学员上前写。

（3）培训师主要做引导的激励的动作。

（4）在游戏过程中可以播放明快的背景音乐来烘托气氛。

四、关联知识

1. 理论来源

（1）八大MI：美国著名发展心理学家霍华德·加德纳曾经提出八大多元智能，即所谓的"八大MI"。简单来说就是人们与生俱来的八个天然智能，如果将每种智能应用在培训中，场域的创建和学员被激活其实就是一个必然的过程。八大MI包括：第一种是语文智能，说的是擅长此项的人更喜欢用语言、文字来进行思考，比如培训中的PPT和板书，都属于这种；第二种是数学智能或者逻辑智能，这种人特别喜欢推理过程，从提问、解答、验证中进行学习，培训中可以用归纳、总结、推导等方式来实现这一智能；第三种是空间智能，该项智能包含色彩、线条、形状、空间等，擅长空间智能的人关注的是图形、空间结构等，如果应用在培训中，可以设置彩色的笔，打造视觉冲击力等；第四种是身体动觉智能，顾名思义，具备这种能力的人喜欢走来走去，一般在培训中小组讨论的时候，或者下午培训"魔鬼时间"使用，让学员们走来走去，可以有效防困；第五种是音乐智能，擅长这种智能的人往往对韵律、节奏等有比较强的感知能力，在培训中也经常出现在小组讨论或者共创的时候，让音乐伴随，会激发人们更多的创造力；第六种是人际智能，拥有这一智能的人通常喜欢和他人交流，通过对他人的观察（面部表情、语音语调语气以及内容）感知对方的情绪、意图等，一般在培训的开场破冰时常常会有这种智能的应用；第七种是内省智能，内省其实是一个能够有效创造"心流"的智能，在态度类培训中比较常见，可以放在培训结尾部分，让培训变得走心和升华；最后一种智能是自然智能，该智能在1999年才被开发验证出来，这一智能源自强烈的好奇心和求知欲，对任何自然事物都充满了兴趣，能够做好辨别和分类，这种智能放在培训中可以用于刺激和挑战学员，从而带来多巴胺的分泌，让学员既烧脑又有成就感。总结八大MI在培训中的应用，如果可以多种MI混合应用，会让培训课堂从形式到内容都发生改变，学员能够更加积极地参与其中并且享受培训带来的乐趣。好了，我们说回"争'名'逐'利'"这个游戏，你能够从中找到多少种智能的应用呢？

（2）"3S"原则：这里的"3S"是三个单词的缩写。第一个是"sweet"，也就是要给学员以糖果，甜蜜。在游戏进行的过程当中，培训师应该以正向积极的鼓励语言为主，只要学员有回应，无论是简单的问答还是整理总结，培训师都应该及时给予鼓励，糖果的意义在于不断给学员正向反馈，给他们持续输出的动力。第二个是"spicy"，也就是"辣"。"辣"这种味道很容易刺激我们的味蕾，可以让人胃口大增。在培训中"辣"的体现就是要给予学员一定的刺激，这更容易激发他们学习的热情和积极性。最后一个"s"指的是"salt"，也就是"盐"。盐在一道菜肴当中所起到的作用不言而喻，简直就是"画龙点睛之笔"，在培训中，我们需要给学员设计相应的挑战，让他们可以分泌更多的多巴胺，从而让培训产生神奇的效果。我们会发现"辣"和"盐"，分别负责培训中的"刺激"和"挑战"，两者的作用和意义近似，对于有些人来讲，也许一个环节的设计是刺激，而对另外一些人，同样的设计就是挑战，无须强调区分两者的异同，需要注意的是，两者都不适合给的太多，否则培训容易失去弹性。

五、执行案例

1. 背景信息

我曾经给一个大客户销售团队讲授销售策略的课程,在培训之前的调研当中,发现很多人从事该工作已经有超过五年的时间,团队中很多人自认为是"专家",认为掌握了足够丰富的销售知识,没必要参加公司统一组织的培训。

2. 执行流程设计

面对这样的学员,除了课程内容知识点需要推陈出新之外,我还设计了课程结束前"争'名'逐'利'"的游戏环节,一方面大多数销售人员都有一颗好胜心,愿意做竞争类的游戏;另外一方面,让他们自己总结,收获感会更加强烈。

3. 实际效果

当"争'名'逐'利'"环节结束后,我们发现整理总结整整七页白板纸的内容,包括知识点名称和利用的场景。我们分别把七页纸贴上墙,并且告诉大家,这就是两天来他们的学习成果,让他们可以自行拍照,应用在未来的工作中。后来在学员点评反馈表中看到,绝大多数学员反馈说站在了全新的视角思考了销售的问题,感谢培训带来的巨大启发。

而事实上,恰恰是这个游戏环节的设计,让学员感受到了真正的启发。

读书笔记

好书是俊杰之士的心血，智读汇为您精选上品好书

习惯陷阱

习惯比天性更顽固，要想登顶成功者殿堂，你必须更强！这是一本打赢习惯改造战争亲历者的笔记实录和探索心语。

赋能领导者

狮虎搏斗，揭示领导力与引导技术之间鲜为人知的秘密。9个关键时刻及大量热门引导工具，助你打造高效团队以达成共同目标。

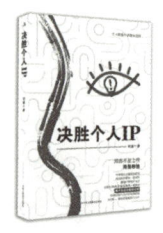

决胜个人IP

这本书系统地教会你如何打造个人IP，其实更是一本自我成长修炼的方法论。

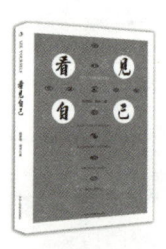

看见自己

本书是带领你找到自己生命的潘多拉宝盒，借由电影《阿凡达》进行深入探索，让你看见自己的潜能，重新激活自己的力量。

7招打造超级销售力

本书作者洞察了销售力的7个方面，详实阐述了各种销售力要素，告诉你如何有效提升销售能力，并实现销售价值。

销售战神

这是普通销售员向优秀销售员蜕变的法宝。书中解密了销售布局，包括销售逻辑、销售规律和销售目标。

利润是设计出来的

企业经营的根本目的是健康可持续的盈利，本书从设计盈利目标等角度探讨利润管理的核心，帮助企业建立系统的利润管理框架体系。

目标引擎

目标引擎，是指制定目标后，由目标本身而引发的驱动力，包括制定目标背后的思考、目标落地与执行追踪。

绩效的力量

本书分力量篇、实战篇、系统篇三部分。以4N绩效多年入企辅导案例为基础而成，对绩效增长具有极高的实战指导意义。

更多好书 >>

智读汇淘宝店　　智读汇微店

让我们一起读书吧，智读汇邀您呈现精彩好笔记

—智读汇一起读书俱乐部读书笔记征稿启事—

亲爱的书友：

感谢您对智读汇及智读汇·名师书苑签约作者的支持和鼓励，很高兴与您在书海中相遇。我们倡导学以致用、知行合一，特别打造一起读书，推出互联网时代学习与成长群。通过从读书到微课分享到线下课程与入企辅导等全方位、立体化的尊贵服务，助您突破阅读、卓越成长！

书 好书是俊杰之士的心血，智读汇为您精选上品好书。

课 首创图书售后服务，关注公众号、加入读者社群即可收听／收看作者精彩微课还有线上读书活动，聆听作者与书友互动分享。

社群 圣贤曰："物以类聚，人以群分。"这是购买、阅读好书的书友专享社群，以书会友，无限可能。

在此，我们诚挚地向您发出邀请：请您将本书的读书笔记发给我们。

同时，如果您还有珍藏的好书，并为之记录读书心得与感悟；如果你在阅读的旅程中也有一份感动与收获；如果您也和我们一样，与书为友、与书为伴……欢迎您和我们一起，为更多书友呈现精彩的读书笔记。

笔记要求：经管、社科或人文类图书原创读书笔记，字数2000字以上。

一起读书进社群、读书笔记投稿微信：15921181308

读书笔记被"智读汇"公众号选用即回馈精美图书1本（包邮）。

智读汇系列精品图书诚征优质书稿

智读汇云学习生态出版中心是以"内容＋"为核心理念的教育图书出版和传播平台，与出版社及社会各界强强联手，整合一流的内容资源，多年来在业内享有良好的信誉和口碑。本出版中心是《培训》杂志理事单位，及众多培训机构、讲师平台、商会和行业协会图书出版支持单位。

向致力于为中国企业发展奉献智慧，提供培训与咨询的**培训师、咨询师**、优秀的创业型企业、企业家和社会各界名流诚征优质书稿和全媒体出版计划，同时承接讲师课程价值塑造及企业品牌形象的**视频微课、音像光盘、微电影、电视讲座、创业史纪录片、动画宣传**等。

出版咨询：13816981508，15921181308（兼微信）

● 更多精彩好课内容请登录 智读汇网 www.zduhui.com

— 智读汇书苑100 —
关注回复100 **试读本** 抢先看